境教 无痕的教育

境教是身教、言教的前端教育

丰富的体验决定思维的高度

家庭教育

是一门科学

又是一门艺术

更是一门哲学

室外境教

林青贤 著

南方日报出版社
NANFANG DAILY PRESS
中国·广州

图书在版编目（CIP）数据

室外境教 / 林青贤著. -- 广州 : 南方日报出版社，2024. 11. （2024.12 重印）-- ISBN 978-7-5491-2934-8

Ⅰ. G78

中国国家版本馆 CIP 数据核字第 2024563G8X 号

SHIWAI JINGJIAO

室外境教

林青贤 著

出版发行： 南方日报出版社
地　　址： 广州市广州大道中 289 号
出 版 人： 周山丹
策 划 人： 柏沐芸
责任编辑： 曹　星　　周丹丹
特约编辑： 邵　晨
责任校对： 阮昌汉　　熊丽思
责任技编： 王　兰
插画绘制： 柏露雪
装帧设计： 柏露雪
经　　销： 全国新华书店
印　　刷： 湖南省众鑫印务有限公司
成品尺寸： 140 mm × 210 mm
印　　张： 6.75
字　　数： 98 千字
版　　次： 2024 年 11 月第 1 版
印　　次： 2024 年 12 月第 2 次印刷
定　　价： 68.00 元

自序

这里谈教育的无痕与无痕的教育。

一个孩子被教育了，在孩子身上却看不出有被教育过的痕迹，那是教育艺术所追求的境界，更是一种因敬畏生命而来的 “润物细无声”的爱。

这是一种无须多言的天地之爱，是一种对老子“不言之教”的意会。

这是身教、言教的前端教育——境教。

本书讲的“室外境教”，是在学校、家以外，在户外进行的家庭教育，我们称之为“路上的家庭教育”。室外境教对周末、寒暑假和日常生活中如何带孩子出行以及在出行的路上如何对孩子进行身心启迪提出新的教育方法论。家长实施以境育人，让孩子心由“相”生。家长如果学会了在路上的教育，回到生活中，可以在小区的公园，或孩子上学、放学的路上……随时随地地运用周围的环境诱因来对孩子进行不留痕迹的良好教育。

在本书中，我们从孟母三迁的境教故事开始，结合中华优秀家文化、现代心理学与脑科学讲解如何在教育的路上做路上的教育，如何以境育人，如何发展孩子的优秀人格特质，如何为孩子的人生做前因性的教育，如何在路上做教育，等等。本书每一节文字都力求精简与留白，我们期望家长能读得轻松又有所启发，如境教一样，没有压力却暗藏动力。

这是国家社科基金重点项目“中华传统家文化与新时代家庭家教家风研究”的子项目“中华传统家文化滋养新时代家庭教育研究”的研究课题。

室外境教是家校社共育的新突破，实践证明室外境教能为孩子的身心健康提供新的出口，这是一种哲学性的思考、艺术性的减负、科学性的操作、激发生命力的灵感。

室外境教的主体不是老师与学生，而是家长与孩子。认知决定选择，觉知决定成长。家长对教育的认知决定着孩子的成长环境、成长方式。如果我们的家长都能熟练地运用境教这种在路上的教育方式，家庭教育会更好地赋能学校教育，家庭教育也会迎来更新的发展。

我们期望在未来，室外境教可以赋能文旅、促进经济、传承文化、发展教育。

林青贤（字：恒辰）

2024 年 9 月

目录

孟母为何三迁？

环境在教育中是如何起作用的？

为何要让孩子了解“真实的世界”？

当孟母遇上高铁，她会带上小孟子去哪里呢？

…………

第一章

境教启迪

第一节

环境诱因

环境会改变心境，心境会改变意境

感觉是 2000 多年前的穿越，实则是一种恒久本已存在的教育真相表达。

孟母是笔者研究“境教”的启蒙老师。

以下的故事很久远，但却影响深远，敬请“悦”读。

孟子 3 岁时父亲去世，留下母子二人相依为命，为了守孝，孟子随孟母搬到父亲墓地附近居住。渐渐地，小孟子跟小朋友们经常玩哭坟、办丧事的游戏。孟母见状决定搬迁，搬到市集附近住，小孟子渐渐又开始模仿商贩叫卖之事。孟母决定再次搬迁，搬到学校附近，小孟子渐渐对读书产生了感觉。故事讲到这。

过往我们更多地把“孟母三迁”当成故事来听，但其实，如果我们把注意力放在教育的研究和挖掘上，就会发现这里隐藏了一个非常有价值的教育宝藏——如何刻意地运用环境诱因并顺应人的本能做无痕的教育。那是中华优秀传统家文化中身教与言教的前端教育——“境教”，那是美丽的家庭教育，那是中华家文化系统回归现代的前端拼图。基于这份教育“考古”发现，我和我的研究团队经过十多年的名门故居走访、拜访后人，挖掘、论证、实践，再结合现代心理学与脑科学，今天，我们决定把它写成书，让更多的家长可以吸收源于中华优秀家文化的宝贵家教智慧，用于今天孩子的成长。

脑科学研究表明，我们每一天经由有意识的控制而产生的行为要比我们想象中的少很多，我们每天所做的大多数的行为都是无意识的。而这些无意识的行为往往跟环境诱因有关。如果有人在我们面前放了一杯茶，我们很多时候会无意识地端起这杯茶。如果我们身处美食街，在各种美食的诱惑下，我们很难与强烈的环境诱因抗衡。如果我们身处书店，我们会很自然地翻翻书，也许我们只是想让孩子多看书，但身处书店的我们却毫无抵抗力地受到环境的影响。

其实，环境诱因无时无刻不在作用于我们的生活。

做过父母的都有这种感觉：孩子在家和不在家，家里的氛围和感觉是不一样的。客厅里放着音乐和不放音乐，我们的心情会不同。在家里待着和到大自然当中去，我们的心境和意境也会有所不同。很多时候，我们以为我们的所思所想都由自己决定，其实不然，环境会悄悄地改变我们的心境，而心境又会影响我们当下的想法。环境会改变心境，心境会改变意境。环境、心境、意境的关系一直存在于我们的日常生活中。如我们想找朋友谈谈心，朋友会问："我们到哪里见面？"这个"哪里见面"其实反映了我们已经在思考环境，什么样的环境更适合谈心呢？如果环境与我们要谈的心产生场域的匹配性，聊天谈心的感觉会更好。所以，通常我们会选择更有意境、更有情调的咖啡厅或茶室这类场所见面。如果同事打电话来要找我谈工作，很多时候我会选择回到办公室再见面聊。提起谈工作，我的大脑自动就会关联到办公室。

环境与行为的匹配关系其实已经被我们深刻运用在生活中了，可越习惯运用的东西往往在意识层面就越容易被忽视，在潜意识里却被深深记住。如果今天，我们把环境诱因产生的对人的影响从潜意识层面上升到更多明意识层面，那么，我们就可以做到父母有知有觉地让孩子不知不觉地长大，孩子被教育了却从孩子身上看不出有被教育过的痕迹。

境教是从中华优秀家文化智慧中提取，并做出创造性转化的家庭教育。我们期望家长在教育孩子的问题上能像搭积木般有趣、有效、轻松、快乐。境教就是这样起作用的。

第二节

环境属性

遵循自然之道，让教育实施得自然和谐

现在，我们从教育的角度来谈谈环境属性：人在某个环境里会本能地做出某种行为，那么这个环境就具有某种环境属性。

举例：

沙滩具备什么样的环境属性？

孩子到了沙滩后会本能地做出什么样的行为？当然就是玩沙子、玩水。你很难看到孩子们在沙滩上安静地看书，你目光所及之处几乎都是孩子们在玩沙子或玩水。这就是境教研究中沙滩的环境教育属性。

沙滩界于海洋与陆地之间的过渡地带，视野宽广开阔，椰风树影，水清沙白，海天一色。人们走进沙滩，就像走进画里，心情都会瞬间明朗起来。待在这样的环境里，身心就会毫无抵抗力地松弛下来。加上沙子的特性——它是固体却具有液体的流动性，这让沙滩的环境属性变得尤为显著，刚好符合孩子们可以充分释放自我意识、做出自我决定与自我创造所需要的环境。在固体与液体的互换当中，孩子们在沙滩上可以专注地、全人格地投入到自己的决定、创作与玩耍当中，快乐而满足，不愿离开。此时的环境教育属性与孩子的行为是如此的契合。

境教其中一项工作就是要匹配孩子内在成长需要的外在环境，并顺应人的本能，让教育实施起来自然和谐。所以，我们要思考，我期望孩子做出什么样的好行为？与此同时我又应该匹配什么样的环境支持孩子的成长呢？

如果想让孩子的自我意识、自我决定力、创造力、专注力都能得到更好的发展，我们可以多带孩子到沙滩玩。如果我期望孩子多看书、爱看书，我就要思考，哪些环境更容易引发孩子多看书、爱看书的行为呢？这些行为在什么样的环境下人会本能地做出来呢？我想到的是书店，因为书店具有让人无意识地就拿起书的环境教育属性。我还可以在家里设计一个阅读环境，温和的色调，书架上放满了书，让孩子身在其中、身临其境，目光所及都是书，自然而然地拿起自己喜欢的书来阅读。如果我想让孩子多做运动，我不需要喋喋不休地劝说他去运动，只需要多带孩子去具备运动诱因的环境里，如运动场、球场、户外的登山环境等，孩子定会受到影响。

室外境教是一种美丽的家庭教育，一种不需要命令、说服、控制就能达成的家庭教育，是一种能有效化解冲突、没有压力，同时能产生内在动力、促进孩子人格完整，还能增进亲子关系的家庭教育。

中华四大贤母之一的孟母在环境的运用上非常值得我们借鉴。

《孟子家训》一书中有这样的一段内容：

离庙户营五里远的地方，有一所私人学堂。孟母领着孟子专门到学堂走了一趟。孟子对琅琅读书声听得非常着迷，围着母亲问这问那。孟母对他说：“这儿的先生知天知地，学问可大啦！他的学生们也都很有学问，很多人干了大事。”孟子一听忙着问道：“我能来读书吗？” 孟母笑而不答。

孟母心里其实早就想让孩子到学堂来读书了，但孟母没有命令、劝说，没有强迫，而是巧用了学堂的环境教育属性和环境诱因，让孩子先到学堂旁边看看玩玩，让孩子的内心对读书产生感觉，最后，小孟子主动向妈妈提出要到学堂读书。孟母运用环境属性潜藏的环境诱因成功地把自己的想法悄悄地变成孩子内心的决定，这就是无痕的教育。

室外境教会刻意选择环境属性，运用环境诱因，让孩子自然而然地做出某些行为，运用环境“工具”来完成教育。我们期望孩子具备哪些优秀的人格特质，我们就刻意地组合环境，让孩子身临其境、身在其中、感同身受地在不知不觉中发展出某些特质来。

家庭教育有别于学科教育。家庭教育是一门科学，又是一门艺术，更是一门哲学。

第四节

建构孩子的“神经高速公路”

每个人在儿童时期都拥有均衡发展的机会，把握这个机会让孩子均衡发展的同时，发掘每个孩子的独特性，是室外境教的工作目标之一

室外境教的理念和养分来源于中华优秀的传统文化，同时又以现代脑科学为依据。

人一出生，带着先天气质而来，但基础神经回路还处于较原始的状态。随着每一天的长大，被外界信息刺激所形成的神经回路会越来越丰富，慢慢地这些神经回路就如天上的星星相互连接而形成的网络一样，是一张巨大的天际网络。这张天际之网中神经回路的数量在 7 岁左右达到人一生中的峰值。同时，从小到大，随着神

经网络的发展，我们大脑的体积也在同步增大。但人的头颅空间有限，人类为了生存，大脑会启动一个自动优化的“用进废退”程序。使用较少的神经回路会慢慢退化，经常重复使用的神经回路被保留下来并增粗。留下来并增粗的神经回路就是一个人形成优势、才干、人格特质等的物理基础。

鲁迅先生说：“世上本没有路，走的人多了，也便成了路。”脑神经的发展规律用这句话来形容可以说十分形象。如果说人的神经是一条条“路”，那么经常被刺激并不断重复的神经回路就会不断地变粗，开始时是“小路”，然后变成“公路”，再变成“超级高速公路”。人在面对类似信息时，大脑会自动启动阻力最小、通路最宽、速度最快的道路来处理信息。

其实所谓的优势、才干更多是后天不断强化的结果。先天的优势如果没有后天的持续强化，先天的优势慢慢也会被后天因素所取代。一个音乐天赋不强的孩子，如果天天加以训练，结果完全是有可能比有音乐天赋但后天没有训练的孩子要强。

看过功夫片《叶问》的观众应该有印象，叶问每天都在重复打木人桩。他已经是咏春高手了，为什么还要不断地反复练习？其实这就是大脑的“用进废退”原理，一个人功夫再厉害，只要一段时间不练习，功夫的威力也会减退。

有人纵使有八块腹肌，但只要一段时间不再锻炼，八块腹肌也会合成一块。所以，大脑神经回路也好，肌肉也好，都会遵循“用进废退”的原理。

当我们知道了教育其实就是透过外在的刺激来构建孩子大脑内在的神经回路，并让孩子的某些神经回路增粗，变成人格优势，教育就变得简单了。我们只需要思考：我们应该用什么样的“外在地图”来构建孩子的内在脑神经“地图”？倘若孟母穿越到交通如此发达的现代，她又会如何运用外在的环境诱因组合来让小孟子心由“相”生呢？如何利用环境来组合外在信息源从而形成内在的神经网络呢？如果这些我们都能熟练运用，家庭教育就可以做到有知有觉地设计，让孩子不知不觉地长大了。

每个人在儿童时期都拥有均衡发展的机会，但人不可能面面俱到，优势与缺失是对应出现的。有得就会有失，有失就会有得，也因此造就了每个人的独特性，这是上天的好安排，让每个人都有属于自己的一片天空。室外境教的工作目标之一，就是要把握这个能够让孩子均衡发展的关键时期，让孩子均衡发展的同时发掘孩子的独特性，让孩子在长大后，能够活在热情和天赋里，尽情挥洒人生。

第五节

人的多维觉知

利用不同的环境诱因来活化孩子的多维觉知，健全人格

有一次，朋友来我家做客，看到我家饭厅挂了两张地图，一张中国地图，一张世界地图。特别的是，在中国地图上还有很多钉钉，钉钉旁还有孩子出游的照片，那是我家宝宝的足迹图。

于是朋友就问："你带孩子去那么多地方，有必要吗？孩子这么小，能记得住吗？"

脑科学经常会研究外来刺激与大脑的反应。比如你去到一个陌生的环境，基于人的生存本能与安全意识，

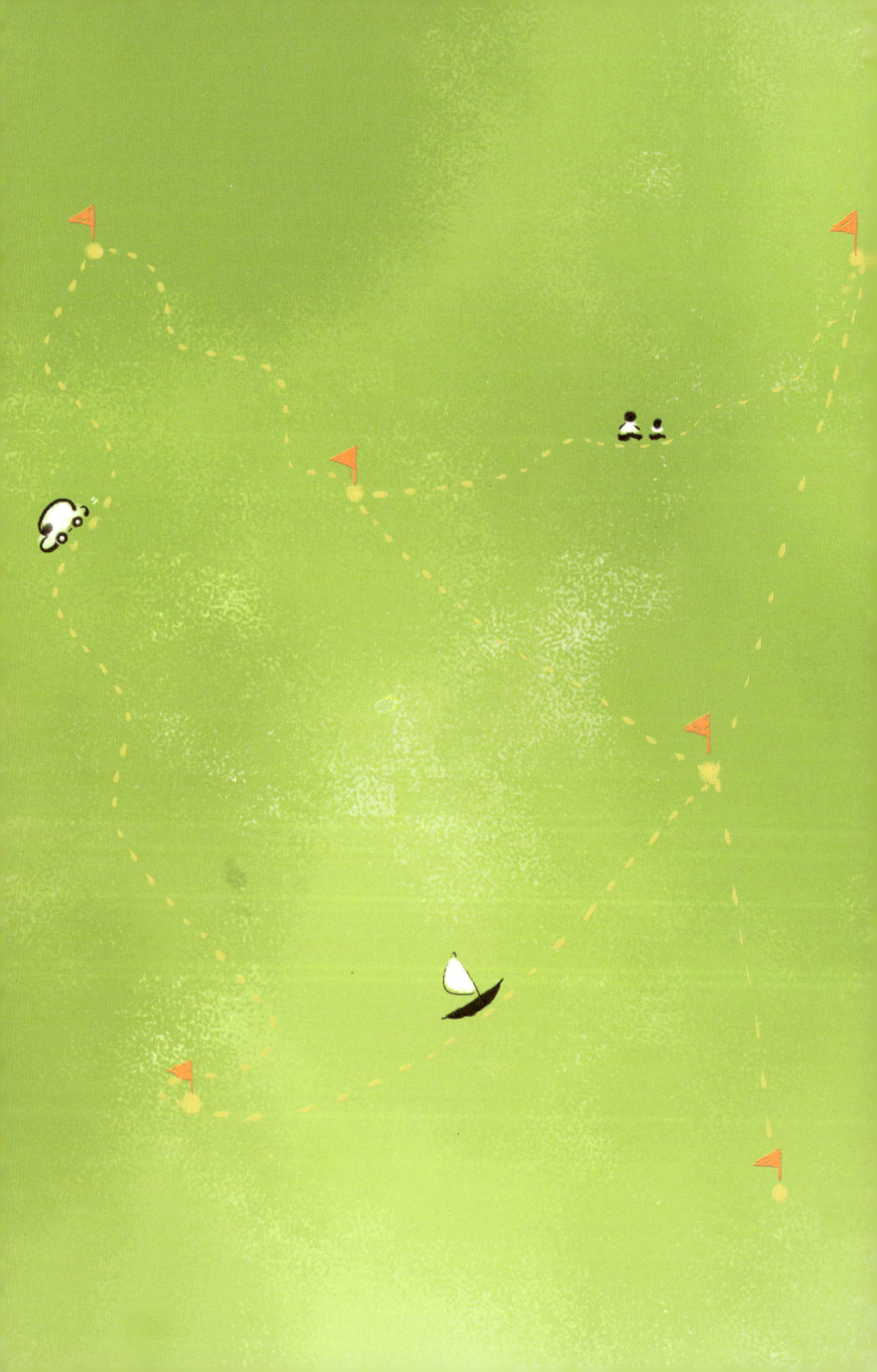

人的注意力会本能地留意周围的一切且保持一定的警觉。也因此，大量的外部信息就会因着我们的注意力进入我们的内在世界里。如果所处的环境刚好匹配孩子当下内在成长的需要，这些对孩子有成长价值的信息就会与孩子的内在世界产生有效的关联，人的大脑神经回路会被更有价值地构建。这就是利用人的本能做无痕的教育，越利用人的本能来实施教育，教育就越不费劲。

人接收信息的渠道多种多样，比如身体感官，包括视觉、听觉、触觉、嗅觉、味觉等。在室外境教的实践中，我们除了关注人的身体感官刺激外，还关注到人内在世界的多种觉知发展，如直觉、感觉、心理、情绪、认知、逻辑、信念、思想、精神等。为了方便大家后面对室外境教的理解，我们把身体感官（视觉、听觉、触觉、嗅觉、味觉等）、直觉、感觉、心理、情绪、认知、逻辑、信念、思想、精神用“多维觉知”来概括。这是根据家庭教育中人格发展的价值点来概括的，是室外境教实施过程中关注的人格成长重心而非专有名词。

在学校，基于学科知识的教学进度要求和学校课堂的视觉听觉化呈现方式，学生们需要有一定的认知能力与逻辑思维能力才能更好地应对学习。但从人格的健康构建来讲，我们的多维觉知发展同样是重要的。孩子在小的时候视觉化、具象化（实物化）的学习体验不够，将来的抽象思维发展就少了底层基础。听觉识别能力发展不够，孩子的语言学习和听课效果就会打折扣。同时，一个人的思想源于一个人的反思能力，反思能力又源于一个人的感受能力，感觉觉知发展不足，人就会像带着大脑而没有带着心灵在生活，很难感受浪漫。如果精神觉知发展不够，人就很难感知到美，被一朵花惊艳到的人往往都是精神觉知发展不错的人，家中的整洁、美感以及亲子共读的精神生活都会影响孩子的精神觉知发展。人格的发展是关联性的，多维觉知是相互支持的，所以，人的多维觉知均衡发展非常重要，特别在 12 岁之前，在儿童敏感期一个一个到来的时候，如果我们都能同步匹配孩子的外在环境，提供更合适的教育出口，一个人就能拥有更多均衡发展各种觉知的机会。我带孩子去不同的地方，其中一项教育目标就是想利用不同的环境诱因来活化孩子的多维觉知，健全人格。

学校教育里是“读万卷书，行万里路”，而在家庭教育里则是“行万里路，读万卷书”。

当然，你可能会说，要带孩子去那么多的地方，需要多少成本与时间精力啊？其实去多少地方不是目的，健全孩子的人格才是目的，如果我们慢慢了解室外境教的原理，在楼下花园、小区公园，包括家里的室内环境都可以完整孩子的人格，所以，我们的教育关注点才是重要的，组合外在信息源这种境教方式可以一通百通，灵活百搭，像搭积木一样简单。

环境对人的影响如此重要，我在想，假使孟母遇上高铁她会怎么样呢？对环境有着高觉知的孟母，她会带孩子去哪呢？

第六节

还孩子一个不被人为扭曲的真实世界

大人经历多了会成熟，小孩经历多了会成长

什么是好的教育环境？

真实的世界就是好的教育环境。

3 岁以下的孩子，完全活在本我和基于生命本能的世界里，也因此更能活在真实世界里。想哭就哭，想笑就笑，喜欢就是喜欢，不喜欢就是不喜欢，没有道德评判与利益判断，一堆沙子和 100 元，孩子更有可能选择沙子。在孩子的世界里更重要的是生命价值而非利益判断。他们的世界是多维和没有“过滤”过的世界。

孩子一般到了 4 岁之后，随着认知能力、逻辑思维加速发展，渐渐从内在的本我世界进入到外在的人伦世界，开始更多地从身边的人那里吸收“认知”，同时也吸收“好坏”“对错”“道德”等人为的规条教化。孩子的内在世界开始多了很多“人为”的标准。

我们指着从书店里买回来的彩图，告诉孩子这是高山、这是大海、这是火、这是电、这是老虎、这是孔雀……孩子从一张张图片中来了解这个被图片化的“真实”世界，用“认知快餐”来取代本可全然觉知的“心灵精神盛宴”，用浅层认知来代替深层认知。

试问：看高山的图片和真实地站在高山上，感觉怎能一样呢？

人的身体感官有视觉、听觉、触觉、嗅觉、味觉等。而人的内在世界还有直觉、感觉、心理、情绪、认知、逻辑、信念、思想、精神等。真实的世界会全面地活化多方面的觉知。一张图片更多的是在视觉、认知和逻辑上作功，却很难在感觉、情绪、思想、精神世界上起到更高的活灵活现的活化作用。

陆游的一首诗可以表达：纸上得来终觉浅，绝知此事要躬行。

在孩子进入小学学习之前，身体感官和各种觉知如果能够被充分地、多维地活化，并在孩子的大脑里形成多维觉知神经回路，便更能促进孩子的悟性发展。多维觉知神经回路的发展，会对孩子日后的学习带来极大的帮助，这也可以看作是家校社共育中减压赋能的前因工作之一。

境教的其中一项工作就是对孩子认知和逻辑的排他性减少作功，让好的带有教育价值属性的真实环境来育人，让孩子身临其境、身在其中、感同身受来吸收环境，活化多维觉知。境教是不分年龄的，人永远都是环境的产物，不管是幼儿、小学生、中学生还是成年人，只要行走在室外境教的路上，去感知真实的世界，就会有不同程度的进步。

一个孩子总会不自觉地被“眼见为实”的力量影响，这种力量的累积就是一个孩子的见识，这些见识会产生底气，形成确信的力量、信心与勇气。基于亲身的经历和自我发现，孩子的主动性、积极性、创造性也会逐渐发展起来。

在路上代表着在行动，室外境教的经验告诉我们：行动会带来自我形象的改变，行动会带来自我决定力与判断力的提升，行动还会带来基于生命力的灵感。

大人经历多了会成熟，小孩经历多了会成长。

第七节

世界边界与孩子眼界

打破教育边界，拓宽孩子的认知边界

世界无限大但人类很渺小，人类不断地尝试拓展对世界的认知边界，于是，有了科学家、天文学家、地质学家、植物学家等。但人的认知总是有边界的，人类所能做到的永远都不会超过人类所能认知到的边界。

心理学界普遍认可一种说法：人都是在有限的范畴内为自己做最好的选择。关键点往往不是那个“选择”而是那个“有限”。人类为了生存得更好，学会了不断打破那个“有限”。人类对未知充满好奇与恐惧，也因此发展出探索、发现与创造的能力。这是人类的生存本能。在教育上，越顺应本能、越接近本能的教育，效果越好，越没有压力，这就是顺势而为的教育。室外境教就是在用更本能的方式拓展孩子的认知边界。

孩子小的时候，就如科学家、天文学家、地质学家、植物学家等那般探索并发现世界，对孩子而言那是一场场“惊艳”而不仅是一场场“经验”。世界观观世界，孩子的世界观由他观过的世界所形成。小孩子就如一张白纸，你给他输入什么他就吸收什么。看见即教育，听见即关联，感觉即记住。活化孩子的脑神经回路，在孩子的大脑里构建一张天罗地网，拥有网状思维的孩子看东西就像一张网一样，全面而完整，不容易走极端。

人生路上是不可避免会遇到瓶颈的，当人遇到瓶颈的时候，有些人会选择苦思而不是学习，这就是孔子所说的“思而不学则殆”。这是因为人总会采用熟悉的模式而不是应该的模式，“思而不学”也是人从小养成的一种“熟悉模式”。

当人遇到瓶颈的时候，最好的方法就是增加一些信息，读读书、听听课、出去走走、请教朋友等。当信息增加之后，孩子的内在就被拓展了，选择自然会不同，就更容易从瓶颈中走出来。

所以突破孩子内在有限性的一种很好的方式就是形成增长见识的潜意识印记，最后形成自我突破和自我进步的“熟悉模式”。一遇到瓶颈或难题，孩子就会自觉去学习，或去增长见识，或请教别人等。

我们教育的其中一项作功就在于不断地突破孩子的有限性。

当一个人的有限性被不断突破之后，见识就突破了，人的格局就会越来越大。人的内在世界是很有意思的，一个人的格局被放大了就永远回不到原来的小地方。所以我们要利用室外境教，打破教育边界，拓宽孩子的认知边界。

第八节

见识与气质

有见识的人见怪不怪，没见识的人少见多怪

一个人只要一开口，别人就能从他的外在表达中感受到他的内在气质，一个人说出来的话，代表他读过的书、走过的路。反过来，一个人读过什么书，走过什么路，就会说出什么话，读书和走路刚好对应知识与见识。知识可以从学校、书本、网络等途径获得，但见识需要走路，因为见识大多源自生活。孩子见识的增长主要是靠家长，主要是校外的工作，学校、老师很难代替家长完成。

国学大师钱穆先生曾说过："读书不单要读书本里的内容，还要读书本的作者，还要读作者所处的环境与年代。"在我走访名人故居的时候，有个发现让我非常震惊。孔子、孟子周游列国，李白、杜甫、苏东坡，还有朱熹、王阳明、曾国藩等，都走遍当时的中国乃至中国以外的地方。历史上众多的圣贤名人，除了拥有丰富的知识外，还在游历四方中收获大量的见识，也印证了“读万卷书，行万里路”的教育价值，再一次说明人是环境的产物。

我还发现，从小学一年级到高中的课本里出现的名人，几乎都是有见识的人。如果你仔细研究他们，画出他们的足迹图，绝对会让人震惊。为了研究人的成长，我画过很多名人足迹图，从他们的足迹中，可以对应出他们每一时期的思想生发诱因。一方水土养一方人，环境塑造人。越走访名人故居我越发现自己知道得太少，越走访越发现自己渺小，越走访越敬畏。一张张挂在故居里的名人足迹图，让我驻足深思：所谓“悟”解，不是透过言语的传达来理解，而是感受和觉察自己的内心体会，是自己在路上的发现，也是自己增长的见识。

这更加让我看到了室外境教的价值。跟单纯的读书不一样，室外境教更重视孩子身在其中、身临其境、感同身受带来的内心体会，室外境教会发展孩子内在的觉知能力，也是增长见识的重要途径。

见识不仅可以提升人的内在觉知，还能改变人的气质。

《颜氏家训》里有一句经典的话："山中人不信有鱼大如木，海上人不信有木大如鱼。"生活在深山老林里面的山民，不相信有鱼会像苍天大树那么大，生活在海上的渔民，不相信有树木会像海里最大的鱼那么大。我常想，假如有一天山民和渔民相遇了，他们会怎么看待对方呢？他们会不会都觉得对方没见识？

我观察到，在生活中经常跟别人吵架的人，除了性格因素之外，往往也跟那个人内在的有限性有关，跟见识有关。有见识的人见怪不怪，没见识的人少见多怪。

见怪不怪，这里第二个"怪"可以有两种解释：第一种"怪"是奇怪的"怪"，意思是见识广的人见到什么都不会觉得奇怪；另一种解释的"怪"是责怪的"怪"，意思是见识广的人什么人都见过了，见到看似不合理的事，能从当事者的角度去理解，就没什么好责怪的。两种解释加起来是：见识广的人遇到事不觉得奇怪，也不再责怪。孔子六十耳顺，那是因为他已经见过足够多的人、经历过足够多的事，也就接纳了，见怪不怪，从容淡定。

见怪不怪是一种气质，更是一个人内在之爱与思想自由的外在显化。见怪不怪的反面是少见多怪，见识少了，自然就多“怪”。

见怪不怪不是对世界的漠视，而是对世界的包容、理解与接纳，见怪不怪的人也因此更有人格魅力。

出于人的生存本能，人对未知会产生好奇和恐惧。心理学研究发现：小孩对未知更多是好奇，而大人更多是恐惧。

所以，拓展见识最好的年龄是在孩子还怀有强烈好奇心的时候。这时候孩子的观察力是非常开放的，能充分吸收环境，从而更好地进行心由“相”生的心智构建。倘若错过了好奇心发展的重要阶段，孩子渐渐长大，好奇心渐渐减退，对未知世界就会多一些保守甚至拒绝。当一个人开始保守和拒绝的时候，人的进步空间就会被限制，人因此更容易被困在认知的边界里。所以，好奇心不仅是孩子拓展认知的重要资源，也是大人能再次出现学习热情和打破自身边界的重要资源。我们应经常与孩子进行室外境教，永葆、重燃我们和孩子的好奇心，带着好奇心去增长见识、去改善气质。

第九节

浅层认知与深层认知

看过不等于看到，听过不等于听到，来过不等于来到

王阳明说过，任何人都是知行合一的，只不过是深知深行、浅知浅行而已。

举个例子：“你要多喝水喔！否则身体会缺水，长期下去会影响健康。”但很多人还是不怎么爱喝水。但当你很口渴的时候，我相信不用别人劝说，你都会去找水喝。这是因为口渴是我们身体的深知，自然就会去找水喝。只劝说你要喝水，但你身体没渴的感觉，就不会去喝水，这就是浅知，因为浅知所以行动上就显现不出来。

这就是深知深行和浅知浅行的道理。

学习任何东西只有深知，才能化为行动与现实。很多人听了一辈子的道理，人生依然过得一塌糊涂，就是因为只做到了浅知。那么，什么叫学习上的深层认知呢？培养孩子的时候怎么让孩子有深层认知呢？

我用一个案例来说明：

湖南张家界的山形很奇特，上下落差非常大，有一处需要坐 300 多米高的电梯才能到达另一座山头。

那天我们还没见到电梯，导游就在山脚对着电梯的广告牌，不断地介绍那台百龙天梯："百龙天梯位于世界自然遗产湖南张家界武陵源风景名胜区内，气势恢宏，垂直高差 335 米，运行高度 326 米，以'最高户外电梯'荣誉而被载入吉尼斯世界纪录……"

听到这，我立刻把孩子带到了另一边，不让孩子听导游的解说。

不一会儿，终于来到了电梯口，我马上让孩子站到电梯靠着玻璃可以看向外面的位置，瞬间听到孩子发出"哇哇哇"的叫声。孩子正在感受什么叫速度，什么叫低处风景与高处风景的强烈对比。这一刻，孩子身体感官非常活跃。因为来得很意外、很突然，孩子的感受就会很深。两个回合，在百龙天梯的一上一下，孩子全身的觉知经历了完整的刺激过程。经历完刺激之后，我邀请孩子来到刚才导游讲解过的那个广告牌面前，我亲自给孩子重新介绍了百龙天梯的前世今生。

导游的做法是先讲解再让人体验，而我的做法是先让孩子体验再讲解，哪一种更能让孩子产生深层认知，我想答案是显而易见的。

导游经常带大人出行，他知道，想让大人去做一件事情，而且要让大人听话、服从安排，往往要先让大人知道，去那个地方有什么好玩的，做这件事情有什么好处等，大人才愿意配合。但要通过室外境教让孩子成长恰恰须采用相反的做法。

小孩的成长要先经历后知道，要先有感觉，再产生自我感知，最后才是认知。这样感觉、感知、认知三者关联所形成的神经网络更能形成深层认知，这也是体验性深层认知的具体做法。

好的教育的更大价值在于在教育过程中产生深层认知，正如王阳明所言，“深知”才会有“深行”。室外境教致力于挖掘孩子的深层认知，让孩子从感觉、感知、认知三重维度理解和成长。

更重要的是，意外会让大脑分泌更多的多巴胺，多巴胺是学习的营养素，深层认知和理解带来的喜悦感是孩子爱上学习的基础。先感觉，再感知，后认知是室外境教带给孩子的成长方式。

第十节

让孩子一点即通

教育就是设前因生后果，也是输入与输出的过程

在孩子两岁半的时候，我从书店买回来了一些认物画册。“这是大象，这是小白兔，这是胡萝卜，这是西兰花……宝宝，这是什么？你告诉爸爸！”我发现，我很认真地教，宝宝却在开小差。我不禁陷入了沉思。

于是，我做了一个决定，我决定带孩子去一趟广州长隆飞鸟乐园。宝宝一进门就看到了长着长长尾巴的大鸟，尾巴还会开屏，宝宝很兴奋地跑过去，我也追了过去。在合适的时机，我说：“孔雀，孔雀，孔雀开屏！”

当天，宝宝看到了鹦鹉、火烈鸟、鹈鹕、黑天鹅，还有小白兔等，宝宝一天都处于兴奋中，在回家的路上累到睡着了。晚上，我又拿出认物画册，开始认真地教："这是大象，这是小白兔，这是……"我发现宝宝一看到画册里的动物，就兴奋地叫起来："孔雀， 孔雀，孔雀开屏！小白兔，小白兔；鹦鹉，鹦鹉……"我发现，宝宝比我兴奋，我不用教了。只要画册里出现他当天见过的鸟类，他就全神贯注，而当天没见过的动物，他就跟往常一样开小差。

这里我发现了一个原理，叫"埋雷"，后来，我习惯性称它为"设前因"。孩子一开始看画册的时候开小差是因为孩子没有见过画册里的动物真实的样子，画册里的动物对孩子来说是抽象的、陌生的，信息是缺失的，孩子没感觉。当孩子见过真正的孔雀、鹦鹉、小白兔，信息被完整吸收之后，孩子内在已经有了关于飞鸟的真实全息印记，再看画册时，孩子的记忆便立马被画册里的图片关联和触发。

把以上的场景转到学校的课堂，老师说："这是鲁迅的三味书屋，他的书桌上刻有个'早'字。"若其中有学生曾经到过浙江绍兴的三味书屋，亲眼看见过传说中的那个“早”字，老师一讲到这里，学生会不会比老师更兴奋，会不会更加专心听讲呢？甚至有没有可能被老师邀请站起来与同学们分享他的所见所闻？老师所讲的言教信息片段加上学生曾经亲历的真实全息信息，内外、虚实、多层觉知的关联，形成全息信息刺激，相关的脑神经回路被高度活化，学生有没有可能在课堂上一点即通呢？

教育就是设前因生后果，是输入与输出的过程。室外境教让孩子先感觉再感知后认知，这种深层认知的方式，会让孩子一点即通。

不同类别的“境”，带着不同的环境教育属性，对人的影响是不同的。室外境教从教育的角度把具有不同教育属性的“境”分成三类，还原地球让孩子在观世界的过程中建立世界观，人文境教让孩子对文化产生好感，时空历史让孩子遇见过去，预见未来。

第二章

以境育人

还原地球

室外境教中的还原地球系列，指的是地球上存在的真实的物质世界，比如山、河、湖、海、森林、草原、天空这样的自然之境，还有自然界的各种生物，包括可以观察各类生物的场所，比如原生态的动物生活场域或者是野生动物园、昆虫馆、飞鸟世界、古生物博物馆等，也可以是人类农耕文明发展的场景，比如酱油或醋的酿制、布料染色、陈皮的制作过程等，又比如收割稻谷、掰玉米、种植等，目的是尽可能地让孩子活在真实的世界里。

真实的世界是最有力量的。经验无法代替，只有真正见过、接触过、感受过一些事物，而并非只从别人的描述中了解的时候，我们才能真正地理解一些事物，并从中得到更多的启发，得到立足于真实世界所带来的多维感知。用认知和理解是没法代替身体的全然感知的。语言有时是苍白的。

还原地球，给孩子一个不被扭曲的真实世界。

第十一节

层层递进的思维空间

只有亲身走入那个想象中的场景，才能不断递进思维空间

我从小认为《西游记》里的火焰山是虚构的，直到那一年我们全家来到了新疆，站在火焰山的脚下，我才知道火焰山是真实存在的。

车刚到火焰山脚下，火红壮丽的火焰山就在眼前，我们都迫不及待地下车想要拍张全家福，结果全家人的背部瞬间都被滚滚热浪炙烤着。别人拍照说："田……七！"我们却不约而同地说："快、快……快熟了！！！"这是我们拍得最快的一张全家福，不到3分钟我们就受

不了了，全部跑回车里吹空调。什么叫“冰火两重天”，那一次我算是彻底感受到了。

最高 70 多摄氏度的气温，在巨大的孙悟空金箍棒测温计上醒目地显示着。天啊！ 70 摄氏度，在过去，这是我无法想象，更没有感受过的体验。

一提到火焰山，那座烘烘热火的山头、铁扇公主、牛魔王、孙悟空，这些形象就会浮现在我眼前，它们占据了我近三十年对火焰山的思维空间，已然成了我对火焰山能够认知到的极限图像。我对火焰山的“认知”从来都只有“幻想”，而从没有过真正现实的体悟。

当我亲身来到火焰山前，过去三十多年从未出现过的念头、新的疑问、新的想象顿时涌现，那种多巴胺产生时的快乐与灵感乍现，那种新灵感与旧幻想“上下班交接”般的仪式感，太美妙了。我感觉我的大脑被清理了一遍，想象中的现实与现实中的想象真不一样。

这让我再次意识到：境界是真实存在的世界。

过去我在离火焰山十万八千里的地方，那里是我的“境”，我只能想象出一些存在于大脑中的现实，那是我的“界”。而当我身临其境时，我的“界”突破了，是全新的，是替换性的。我看到我的大脑空间很小，小到没法超越我未曾到达过的世界。

思维其实是有递进空间的，而且是层层向上递进的。从想象到现实，现实环境中自然产生新的想象，新的想象触碰到新的现实，又自然产生更新的想象，这个新的想象如果再触碰现实，后面的想象又变了，如此往复，每一次的叠加交替都会产生新的大脑镜像，成为我们最新的思维，直到更新的想象产生。而且越递进到后面，思维的层次会越高，思维的深度也会更深。最后一次的镜像可以长期站在领奖台的最高位，直到“新王”的出现。

我用我对火焰山的思维递进来举例。

①对《西游记》火焰山的想象。

②触碰新疆真实的火焰山。

③产生新的想象，想象当年唐僧一个人面对火热高山，他会绝望吗？

④于是，我想触碰那份想象，我亲身站在炽热的火焰山前。

⑤我的思维变了，我在想，当一个人感到无助和绝望时，他会怎样照顾自己的心。

这就已经递进到了第⑤层思维空间。

从第①层对《西游记》火焰山的想象开始，到一层一层的思维交替，我进入到了第⑤层的思维空间。第⑤层的思维高度和深度都已经超越和更替了第①层的思维。

从对《西游记》火焰山的想象开始，一层一层地思维交替，最终我进入到了关于“人们感到无助和绝望时心境会是如何的”思维空间。这是我在第①层的幻想空间中没法到达的。

起初，我对火焰山的想象只是《西游记》里的样子，那是一个虚构的文学作品里的形象。这种想象在我脑海里存在了三十多年，如果我不是身临其境、身在其中，我永远都没法穿越那份被锁住的思维，我想我这一生对火焰山的认知永远都只能停留在第①层的高度，就是那一份珍贵的童年幻想。这份童年幻想虽然让我保留了童心，但也让我的心长不大，所以我选择主动地走出去，让我的心长大，让我的思维可以进入后面更高的境界。

室外境教让我成长。只有亲身走入那个想象中的场景，我的思维空间才能不断递进。“读万卷书，行万里路”自古就有其深意。

第十二节

创造孩子的静思空间

做加法可以增加知识，做减法可以增长智慧

中国有个神奇壮丽的圣域，叫“天空之镜”。它四周被雪山环绕，平静的湖面像镜子一样，映射着令人陶醉的天空美景。那就是茶卡盐湖，位于美丽的青海。我和孩子行走在其中，静静地感受着这份大自然馈赠的奇迹。置身于盐的世界，缓缓地行走于盐湖之上，就像漫步在云端。身在其中，心就慢了下来，这是一个可以让我们静静思考的唯美空间。

我看到我的孩子们慢慢地、安静地走在天地之间，突然想到这样一句话——唯有立于天地之间，才能收获最深的宁静。走着走着，女儿停了下来，她缓缓地蹲下，静静地注视着脚下这片盐湖。我知道她正在进入一个更广阔的世界，学习与自然对话，与自己相处。我相信这个静思空间会给孩子们带去天与地、人与自然的更丰富的启迪；我也相信他们沉浸在这样的空间里面，眼界和胸怀会变得越来越开阔；我更相信这份深厚的宁静会像种子一样在孩子的心里生根、发芽，最后结出丰硕的果实。因为我相信心由“相”生的力量。

做加法可以增加知识，做减法则可以增长智慧。祥和宁静中带有思考会生发智慧，增长智慧最好的方式就是经常让自己身处祥和、宁静的环境中，这就是环境诱因的作用。追随三迁的孟母，我选择了这里，我期望生于现代繁杂热闹的孩子能感同身受一份宁静。诗人雪莱曾说：“浅水是喧哗的，深水是沉默的。”有时候，我们需要让自己慢下来，也让孩子有机会停下来去触碰什么叫作祥和，什么叫作宁静，什么叫作“深刻”。

环境影响心境，心境引发意境。

人的意念往往受当下的心情影响，人的心情往往也会被所处的环境诱因影响。周围都是噪声，你的心很难平静，因为让烦躁的心平静需要很强的自我控制力。可脑科学研究表明，人每天有意识控制的行为比我们想象中的少很多，大多数的行为都是无意识的，且大多与所处的环境有关。如果你身在美食街，你的意念自然就跟美食发生关联，也许会不由自主想去吃点东西，除非你有很强的自我控制力。但若你长时间处于某种环境中，自我控制力很难长期发挥作用，因为自我控制力会消耗大脑能量，长时间使用自我控制力人会感到累，会疲惫，时间久了，自然就会放弃自我控制，这就是“随波逐流”的发生过程。

如果今天我想找朋友陪我聊聊天，我会选择找个安静的地方。如果我想跟同事谈谈工作上的事，我大多会在办公室完成，应该说回到办公室，我自然就会想着工作上的事。如果在海边，我不想跟任何人谈工作，我只想听听海浪的声音，享受海风随意的吹拂。

人只要不刻意用脑，人处在什么样的环境下自然就会产生什么样的心境，什么样的心境就会产生什么样的意境。

我爱自己的方式就是选择合适的环境来成全我，让我自由地吸收周围的环境。环境有时候会帮我做决定。

父母有知有觉地让孩子不知不觉地长大，父母刻意地安排让孩子无意识地成长，就是所谓“润物细无声”的教育，这是一种无痕的教育。

我期望孩子能有安定自己的心、疗愈心灵的能力，我会创造与此心境相匹配的外在环境，创造孩子的静思空间。一个孩子不仅要学会照顾自己照顾他人，还要学会照顾环境，一个对环境有觉知的人自然就会照顾环境，对环境就会多一份爱与责任。

第十三节

一花一世界，一溪一天堂

大人用手机打包风景，小孩子用心灵装载世界

绿水青山的桂林，每一处都让人心旷神怡。看着青翠的禾苗，我有一种莫名的冲动，想当一回桂林山脚下的农民。此前农民们插秧的场景仿佛就映在眼前，有如置身世外桃源，如此充满诗意，我只想待在这里。突然间，我听到导游温柔的提醒：“前面还有几个景点，比这里更好看，我们走快点吧！”正陶醉于心灵与精神世界的我瞬间被拉回了现实。

于是，我们一行随着导游继续前行。

路过一条小溪，溪水淙淙，清澈见底。水深大约 15 厘米，映射出水底干净柔润的石头。看着面前的小溪，孩子们停了下来，走在后面的我们也随着孩子们驻足了。

孩子们看风景，我们看着孩子们看风景，当下真是一种享受。孩子们开始做出“蜻蜓点水”的动作，有的用手指指点点，有的用脚在试水，有的把裤子都打湿了。于是，我们干脆允许孩子们脱掉外衣，下水了。看着天真烂漫、活泼可爱的孩子们，听着世界上最悦耳的童声，我们感到无比快乐！

我们坐在岸边的石头上，在风光如画的桂林山脚，我们用双脚感受着小溪流里潺潺的流水，用心共鸣着孩子们心灵的灵动，我忽然想要按下暂停键，不想再前行了。没过多久大人也跟着下了水，那时的大人仿佛也变小了，小到跟孩子一样。可是半小时后，导游礼貌地提醒我：“如果再不走，今天的行程就走不完了。”

看着正在“怀疑人生”的导游，我很不忍心，但还是说：“在安全和不干扰别人，并且尊重景区规则的前提下，我希望孩子们能有一些独属于他们的经历和体验。这才是我们的旅行。”

脑科学研究发现，一个人对时间的感知跟他在同一个时间单位里所吸收到的信息的丰富程度有关。大人大多会觉得时间过得很快，一天似乎没做什么事就过去了，但这种感觉我们小时候没有，小时候的我们没有觉得时间过得很快，一天玩下来，常常感到丰富得很，意犹未尽。

是的，原来我们的大脑里是有过滤系统的，我们的认知选择具有排他性和过滤性。我们的爱好会帮助我们过滤掉我们不喜欢的东西，我们的恐惧会帮助我们过滤掉我们害怕的东西，我们的价值取向会帮助我们过滤掉我们认为不值得的一些东西……随着逐渐长大，我们在大脑里形成了一张一张的过滤网，由于进来的信息被过滤网过滤着，每天能进入我们“法眼”的东西越来越少，能够进入我们内在世界的东西变少了，我们的时间就变快了。而孩子没有这么多的过滤网，是完全敞开的，时时刻刻都有大量的信息进入孩子的世界，所以，孩子感知到的一天比我们感知到的一天更丰富，也更长。

当面对一幅美景的时候，大人很快就看完了，很快就觉得没什么好看的了；但孩子不是，孩子要慢慢地看，因为他正在吸收外在进来的大量信息，这是一个重要的成长过程。父母如果能了解到这一点，就自然学会耐心等待，懂得要“带着蜗牛去散步”，支持而不干扰，甚至要学会适时离场。

大人用手机打包风景，孩子用心灵装载世界。同一趟旅游，花的钱一样多，可去的景点少了，像吃了亏一样，为了多“赚”几个景点，我们开始赶路拍照。“上车睡觉下车拍照”是常规操作。大人很容易活在物质价值里，而孩子是活在生命价值里的。而好的旅行应该是身体、心灵与精神的享受，显然孩子天然地更懂得什么是好的旅行。

随后，我与导游闲聊。我说看过不等于看到，听过不等于听到，来过不等于来到。我期望孩子们能用心灵与精神吸收环境。将来他画画也好，写作也好，说话也好，做事也好，今天他在路上所能体悟到的点点滴滴都能在内心累积起来，日后可以随时抽取内在丰富的信息，并呈现为外在的表达，包括气质、谈吐、行为，还有写作等，这些都是累积的过程。累积沉淀到一定时候，就会“厚积薄发”。

一条小溪流，也许在大人眼里没什么好看的，但在孩子眼里，它就是全世界，在孩子的眼里，一花一世界，一溪一天堂。一条小溪，也会给孩子带来非常丰富的信息，会让身体从感官、直觉、感觉、心理、情绪、认知、逻辑、信念、思想、精神等多个维度活化吸收。玩三个小时也不够，什么时候能玩够？只有孩子自己知道。

室外境教不能太快，对孩子来说太快才是生命价值最大的损失。

在这趟旅程中，我和我的孩子都收获到了来自自然的滋养，也许这一趟我们没有走完导游所安排的全部行程，但我却有了再来一次的理由。

第十四节

拥有发现美的眼睛

当一个人拥有欣赏花的能力的时候，其实他已经拥有爱的能力

我们来到这样一个地方，它处于沙漠之中，像是一轮弯弯的月亮，从一片广袤无垠的沙漠里缓缓地升起，顿时照亮了我们被风沙迷乱的双眼，让我们不由得被大自然的神奇所震撼！这就是位于敦煌的塞外风光一绝——月牙泉。

月牙泉就像一位从天而降的神秘仙子，当她慢慢揭开脸上那层薄薄的面纱时，所有人都会为之动容。这位仙子身处于沙漠之中，与风沙共生，成就了“沙漠第一

泉”的世界奇观。只须从空中俯瞰一眼，月牙泉的“美”就足以撼动我们的心灵。

我期望孩子拥有心灵之柔、精神之美，柔美“共育”。于是我选择了这样一个地方，以境育人。我与孩子坐上景区提供的直升机，想当一回翱翔的鹏鸟，体验一下庄子的逍遥。当我们坐在直升机上，第一次俯瞰大地而不是抬头仰望星空时，那种直达心灵的美丽印记让人终身难忘。美育就在这样的体验中悄悄进行着。

有人问我：“我孩子写的文章如‘流水’，不是行云流水那种，而是流水账的‘流水’，怎么办？”其实写作就是一个从内在拥有到外在成为的过程，写作就如一个人用文字在说话，用文字来表达内在的认知、逻辑、情感、思想、精神等。决定一个人写作水平的不仅是阅读的多少、写作练习的多少，还有内在世界丰富和立体程度的高低。一个人说出来的话代表他读过的书、走过的路，读过的书是重要的，走过的路也很重要。

学校教育常常组织研学，而家庭教育则应经常进行室外境教。学校教育注重人才，而家庭教育更注重人格，家校社形成共育，我们不仅需要研学还需要室外境教，室外境教是为人格健全而设计的人生前因性教育。研学一般是老师带学生走，室外境教是家长带孩子走，室外境教是路上的家庭教育。

回到美的话题。人格塑造中相当重要，但也常常被忽略的一项工作就是美育。

俗话说，君子之德美如玉。我期望孩子拥有发现美的眼睛，我期望看到孩子走到一朵花的面前，闻闻它的味道，品品它的花香，看看它的姿态，感受这朵花有多么令人惊艳。

在快速获取信息的年代，我们很难拥有这样的心境和感受力，我们已经不知不觉地错失了许多发现“美”的时机。现代的孩子，可能对迅速、直接的感官刺激类游戏会比较感兴趣，但一朵花开得有多美，他们可能还没等注意到就与它擦肩而过了。而我们要知道，感受美的能力在人格发展中是多么重要，当一个人拥有欣赏一朵花的能力的时候，其实他已经拥有了爱的能力。

精神之美是爱的高级发展阶段。一个热爱生活的人，定能发现生活之美；一个敬畏生命的人，定能发现生命之光辉。诗人纪伯伦对美是如此感叹的：美是一种狂喜，是一颗滚烫的心，是一个愉悦的灵魂，是一座永远绽放花朵的花园，是一群永远翱翔于天穹的天使，美是凝视自己镜中之影的永恒。

在历史上，许多哲学家、艺术家、诗人都曾拜倒在“美”的石榴裙下。我认为，他们之所以能成为伟大的哲学家、艺术家和诗人，就是因为他们有心灵之爱与精神之美。

孩子走过的路，不仅是去过多少地方长了多少见识，更是这些走过的路对孩子内在世界的塑造，使得孩子的心灵通达与开阔。我选择活化孩子的多维觉知，特别是美的发展，以及可以活化孩子“美”的感知力的环境。

“美”育是境教中不可缺少的一项。还原地球，不仅让孩子有机会触达真实的世界，还能发展出精神之美、人性之爱。

人文境教

室外境教中的人文境教系列，指的是古今先贤生活过和走过的地方，那些地方留下过他们的足迹。而这些足迹，会彰显先贤们的生活方式、审美方式、思维方式等。室外境教之人文境教，试图通过让孩子接近古今优秀文化，或走进古今先贤们的生活环境，使孩子耳濡目染地获得更好的文化熏陶。

孩子比大人更容易受到环境的影响。如果可以经常走近这些品行高尚、思想开阔之人，孩子自然会被影响，近朱者赤，近“墨”者“黑”，教育的目的也就在不知不觉中达成了。

那人文境教是如何影响孩子的呢？

第十五节

近“墨”者“黑”

人文境教可以温润孩子的人格，改变孩子的气质

我借用了近“墨”者“黑”。这里的“墨”是墨水的“墨”，表示要靠近有“墨水”的人，即走进有文化底蕴的地方；“黑”是果，是呈现，是被文化所感染的意思。所以近“墨”者“黑”意味着靠近有文化的人，自然也会被文化所感染。

孔子曰：“与善人居，如入芝兰之室，久而不闻其香，即与之化矣。”意思是常和品行高尚的人在一起，就像沐浴在种植芝兰散满香气的屋子里一样，时间长了人便

闻不到香味，但本身已经充满香气了。

人文境教可以温润孩子的人格，改变孩子的气质。

曾国藩曾说过："人之气质，本难改变，唯读书则可以变其气质。"曾国藩故居有多座藏书楼，最多的藏书达三十多万卷。他深知文化环境对一个人的影响有多么深远。

为了研究中华家文化的现代转化，我早年大量翻阅了各种传统家文化图书与史料，不知不觉家中已藏书万卷。国学大师钱穆先生的话让我印象深刻，他说："在古书里出现的每一个人都是经过历史的沉淀被筛选出来的，所以我们不单要读他们写的书，还要读他们本人、读他们那个年代、读整个中华文化的传承，你才能更清楚地了解中华文化是怎么回事。"

那么，如何才能跟古人"交朋友"呢？我决定到他们家去做客，拜访他们的后人。这一走就是十多年，从孔子故里到孟子故里、朱熹故居、王阳明故居、曾国藩故居、钱穆钱伟长故居、乔家大院、林则徐故居、梁启超故居等，横跨了一条2500年的时间轴，访过上百家故居。如果画出他们一生的足迹图，你会发现这些优秀的古今圣贤几乎都是“行万里路”而不仅仅是“读万卷书”的人。见识广，读书博，多与高士交往，他们都是被环境深深影响的人。

我做了很多室外境教的实践，带孩子走了不少地方，看见孩子身上呈现出来的气质逐渐被他见到的人和他经历的事情所影响。

人的优势、才干、人格特质是可以通过后天来“设计”的。

如一个人经常被文化熏陶，也就是说经常被文化信息重复刺激，不管是境教、身教还是言教，只要不断地被重复刺激，这个人身上就自带文化气质。所以，如果你期望孩子身上多点文化味，你可以让孩子近“墨”者“黑”。

人文境教是室外境教中非常重要的一环，如果我们希望孩子可以成为一个更具修养、更有内涵的人，那就把孩子带到那些有文化的人身边去吧，让孩子待在文化氛围中“与之化矣”。

我们的实践发现，被“墨”的不仅是孩子，还有大人。

第十六节

对文字产生好感

一撇一捺皆是历史，一笔一画皆有内涵

父母都期望孩子爱学习，不过，我们建议：可以先让孩子对学习预设“好感”。

“好感”就是好的感觉，重点是“感觉”，只要有感觉，重复多次就自然会爱上。比如孩子对手机里的游戏产生感觉，不管打游戏这事好不好、合不合适，重复多次就会爱上。学习是件特别好的事，可若对学习没感觉，学习这件事再好，孩子也可能会拒绝。

所以，重点应放在如何培养感觉上，而不是简单的劝学。人文境教不用说服、命令和强迫，而是让一切自然发生。家庭教育不像学校教育，在家里不太可能像在学校一样让孩子坐好，然后由父母来开讲。家庭教育更多的是想传达“生活即教育”，教育发生于生活的时时刻刻、点点滴滴中。

那如何让孩子对学习文化产生感觉呢？

文字是文化知识的载体。小学一年级的孩子都要先从学习认字、写字开始，如果没有文字作为载体，后面的文化知识教学就很难开展。就如吃饭要先准备碗筷，没有碗筷，吃饭也是件困难事。我见到有些家长，在面对孩子不吃饭的问题上，想出了一些好主意，就是给孩子准备一个卡通有趣一点的碗，饭菜造型也要有趣一点，结果是好的。如果文字变得有趣，结果也是好的。

在孩子上小学的第一年，学习认字对他们来说是比较枯燥的。

那我们如何从看似枯燥的文字里让孩子对学习产生好感呢？如果你了解汉字的发展和变化，就不会觉得文字枯燥了。

汉字的发展很有意思，与孩子的感知发展过程非常相似。孩子的感知从形象思维开始，而汉字最初也是从象形文字演变而来。如“日”字，就是古人从观察太阳的形状中总结而来的。因为太阳的轮廓是圆的，所以古人就把“日”简略成为一个圆形，中间点上一点。而“月”字，古人会把它画成一个弯弯的月亮的形状。

如果每个人都能了解文字背后的故事，也许很多人会改变对文字的感觉，从而对中华文化的博大精深产生更大的敬畏之心，进而爱上中华文化。

我记得孩子 5 岁的时候，太太带他去了中国文字博物馆。孩子走进中国文字博物馆，看到那些与自然万物都有关联的象形文字，他的内心产生了强烈的好奇。好奇就会引发关注，他关注文字的产生过程时，就会感觉到文字的有趣之处。回来后，孩子在家自己画甲骨文，他跟我讲他的所见所闻，我也学习到了。后面他一见到字就开始观察，因为他知道，字的背后就是一段故事。

文字的价值远不止于文字本身，还在于其背后蕴含的意义。每一个汉字都有其演变过程，一撇一捺皆是历史，一笔一画皆有内涵。汉字的线条不仅是线条，更含有丰富的内在文化精神。

可以说文字不仅是文化知识的载体，更是精神的载体，这就好比碗是饭菜的载体，透过这个载体来联结背后的文化价值。如果我们的孩子对这个“碗”产生了好感，就相当于打开了文化的大门。如果在学习的初期孩子就有所感知，并产生好感，进入的就不仅是文化知识的大门，还是人生智慧启蒙的大门。

运用环境诱因，让孩子对文字产生好感，从而对背后的文化意义产生关联，形成更完整的感觉、感知、认知线路，这就是利用人的本能做顺势而为的教育引导。

第十七节

地灵使人“杰”

天地之灵秀会带给人灵感和精神滋养

湖南有个边陲小城，传说有美丽的凤凰飞来此地，被这里的山水和风情吸引，决定在这里栖息落户，繁衍生息。这只凤凰的到来，给当地带来了吉祥和富饶。为了感谢这只神奇的凤凰，人们就把这里命名为“凤凰”，这就是湘西的凤凰古城。这里浪漫优雅，人到了这个美丽的地方，仿佛会更感性，更容易坠入爱河。

我与爱人来到古城，同看楼台下的唯美夜色与漫步的行人，古城的气质古典又优雅。这样的环境催生出一

种从未有过的闹中静、静中感、感中动的美妙感觉，我不知用什么词来表达。心随境转，我喜欢这种感觉。不经意间，我俩依偎在一起，没有说话，但内心却能感受到那股源于心灵的人情味道，我们之间似乎更多了一份浓情蜜意。这多出的一份情意，定是古城这个“境”带给我们的。

文学大师沈从文和画家黄永玉都生于斯长于斯，他们创作了大量的文学艺术作品。文学艺术大师们的灵感，好像总是会来源于他们生长的地方，天地之灵秀带给他们灵感和精神滋养，而大师和他们的作品，又给这个地方增添许多人文气息，凤凰古城真是人杰地灵！我在想，到底是“人杰地灵”，还是“地灵人杰”呢？

多年走访中华家文化的经历，让我身在其中、身临其境、感同身受，我发现我对环境的觉知越来越敏感了，又或者是我的觉知能力在这个过程中被渐渐开发了。渐渐地我对环境多了一份要求，又或者可以说是多了一份选择。因为我知道我的心需要一个配对的“相”，那个“相”会懂我的需要。我想，“地灵”就会使人“杰”，这就是心由“相”生所讲的“相”，而“人杰”又会使地更“灵”。

第二天一早，我们在古城中寻找沈从文的故居，我家老二和老三在参观之后主动买了《湘行散记》、《边城》。上初中的孩子们都知道沈从文，他的写作很质朴、有画面感又动人，与这片土地很匹配，符合心由“相”生的原理。《边城》里的爱情故事，是那么至情至性、纯粹质朴、凄美深情。从《边城》里可以看出，这是一个人随本性、情感自然外露的地方。沈从文应该也是浸润在凤凰古城这样的环境下才会有这样的文学表达吧！也许我追寻的也是至情至性，又或者是凤凰古城让我的心灵动了起来，我大脑新的神经递质又开始分泌了。

如果孩子对文化没有太多感觉，可以考虑用人文境教激活那颗“心”。从凤凰古城的沈从文、黄永玉，到现代的梁思成、金庸、徐志摩，还有古代的李白、杜甫、苏东坡等大文豪，他们的生活图景和足迹图让我们看见环境诱因的力量。一个人文化底蕴的形成，离不开环境的影响。若想让文化意识从头脑的认知进入到心灵与思想的位置，不能只读书，还要行万里路，多走一些能够给人滋养和灵感的灵秀之地。

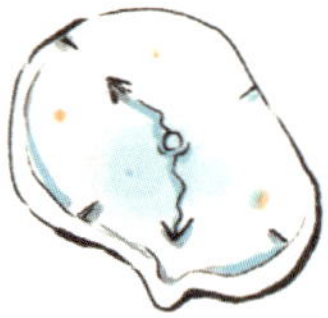

时空历史

让文字里的历史鲜活起来，是室外境教具象化教育的价值体现之一。河姆渡遗址、黄帝故里、长城、秦始皇陵、故宫……存在着比书本里更丰富甚至书本里没有的信息。如何让孩子喜欢历史、感知历史并让历史的价值作用于孩子的未来？在孩子还有好奇心的时候，带他们到这些地方去，这就是最好的教育时机。

让孩子感知历史的存在性、真实性、循变性与现实性，拓展孩子的空间认知维度、发展孩子的抽象思维，时空历史线轴的室外境教安排会起到帮助作用。

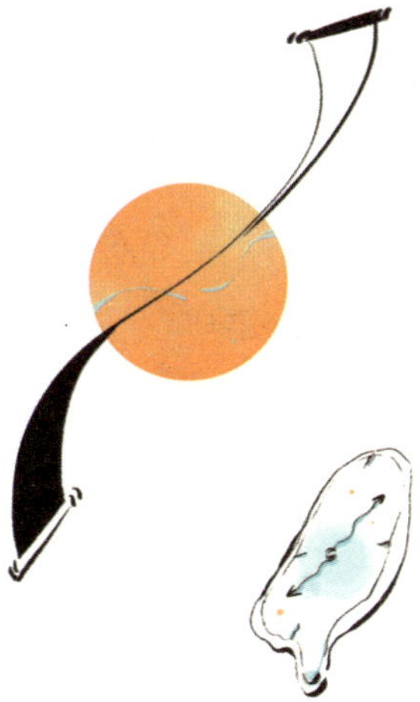

第十八节

时间具象化，时空感知化

人格的健全需要人内在觉知的完整激活

有些心理咨询室里摆放着这样的设备：让来访者正视一段动态影像，如果感觉影像播放达到 1 分钟了，来访者可以按下暂停键，借此来测试来访者的时间感知与焦虑程度。平常比较急躁的人，通常不到 1 分钟就按下了按钮。这里决定最终结果的原因主要有两方面，一是对时间的感知能力，二是最近的压力程度。

有一种常见的情况，会在时间感知发展的初级阶段出现。

比如：

在路上，孩子问：“要多久才到啊？”

“10 分钟后就到了！”大人说。

“还要多久才到啊？”孩子又问。

“还要 5 分钟！”大人说。

“还要多久才到啊！”孩子有点焦躁了。

“快了快了！”大人安慰道。

“怎么还没到啊？还要多久啊！”孩子吵闹起来了。

“快了快了！还要 5 分钟！”大人耐心哄孩子。

“刚才不是说 5 分钟了吗？怎么还有 5 分钟？”孩子又疑惑又不耐烦地问。

“马上就到了，坐好，马上到了！”大人压着怒气低吼。

孩子一路都在问：“还要多久才到啊？”

显然，以上情境对孩子时间感知发展是不利的。

那么，在家庭教育中，我们怎么做才可以既发展孩子更好的时间感知力，同时又释放孩子内心的压力、减少焦虑的情绪呢？

室外境教的理念里有非常好的答案。

我们是这样做的：

在家里放置时间沙漏。我们对孩子说：“请等我 1 分钟，1 分钟后我就过来！”然后让孩子拿出 1 分钟的沙漏。孩子看着沙漏等待，时间概念此刻被具象化了，这时孩子对时间的感知能力正在发展。生活即教育，抽象的概念具象化，孩子更有体悟，这种体悟是发展孩子觉察力的重要方式。

我们与孩子出行，孩子问我们要多久才到，我说要两个小时才能到，孩子说：“那我就先睡一会儿吧！”很显然孩子知道两小时大概有多长，他通过对时间的感知来做决定。如果时间感知混乱，也会影响情绪觉知的发展，本节第一个例子就是例证。

时间感知发展了，空间感知就有了更好的基础。

空间的感知，需要身临其境、身在其中、感同身受。置身于特定的空间里，人的空间感知能力更容易被激活。如 2000 多年前发生的事，单靠背诵历史事件来记忆的话，也许人们记住了但不会有太多感觉。我记得我当年历史考试，问我们 20 世纪初的某一年在某处发生了什么历史事件，看到这样的试题，我头都要炸了，事件发生的时候我又不在现场，没有印象。为了应付考试，我只能死记硬背，因为没有体悟带来的深层认知，考完试基本上就忘记了。

可如果我能去到历史事件发生的地点，通过博物馆、遗址或旧址等环境来理解，对于知识的吸收肯定会好很多，感觉、感知、认知三者的串联组合会形成深层认知。

室外境教就是在完整孩子人格的路上，利用心由“相”生的原理来发展孩子面对未来需要的时间感知、空间感知、因果感知等感知力。这些都是一个人提升想象力、创造力，甚至抽象思维与哲学思想的底层能力。

空间感知是用体悟完成构建而不是使用语言来教导，简单的语言认知教导很难有效完成。就像你不可能通过观察别人游泳就学会游泳一样，你必须亲自下水体悟才可以。孩子的很多成长都没法通过简单的语言教导就做到，如打篮球、踢足球、踩单车等。而意志力、抗挫力等内在人格品质的培养就更需要亲身体会才能习得。如果父母过度保护孩子，让孩子没有太多受挫的机会，孩子的抗挫力就很难发展，它很难通过简单的传知识讲道理来学习得到，因为人的觉知除了认知和逻辑，还有身体感官、直觉、感觉、心理、情绪、信念、思想、精神等等。人格的健全需要考虑人内在觉知的完整激活。

境教的核心是匹配与孩子内在成长需要的外在环境，甚至刻意构建更合适的外在环境让孩子心由“相”生。

室外境教通过真实世界、人文情怀、时空历史等层面的安排让孩子从点、平面、立体到时空流转触达更全面、多维的感知。一个有着多维感知力的人格，会对过去、现在与未来有更高的体悟力。

第十九节

归属感是安定感的底层力量

中华文化种子的植入，会让孩子他日自然关注中华文化，认同则深入，拒绝则肤浅

万事万物皆有位，是归宿，也是存在的合理、合理的存在。雪松在北方自然生长得很好，在南方种植则需要高昂的养护成本。红枫树在热带地区很难长出迷人的艳红，因为它的归宿是江南。

人的心灵也需要归宿。离乡的人有思乡之情，回到小时候成长过的地方，心里就会有一种很特别的安定感。中国人每年春节穿越人潮，赶飞机、赶火车，驱车千里，甚至赶牛车都要回家。人需要归属感。我是谁？我从哪

里来？我要到哪里去？人的潜意识里总是要寻根的。找到归宿的人心里自然就有了一份安定感。

我是哪里人？走的地方多了，我发现我从我的回答中有了新的发现。

如果别人问起我是哪里人，当我身在外省，我会说我是广东人，当我就在广东，我会回答我是珠海人。我是哪里人的答案原来与我当时身在哪里有关。如果我身在外国，别人问我是哪里人，我的回答是中国人。

我发现，一个人对自我身份的认同感被他走过的路、所在的地域影响着。一个走多了中华人文历史之地的孩子，会不自觉地认同自己是中华民族的人，这是源于心灵深处的认同。中华优秀传统文化的学习之所以对中华民族的和谐稳定特别重要，是因为这关乎人们对自我身份的认同感与归属感，有归属就有安定，有安定就有和谐。

认同是深入了解的前提，而拒绝是不可能再深入的。

教育就是设前因生后果的，中华文化博大精深，如自然万象、宇宙星辰般浩大深远。不过，不是每个人都有缘深入，天雨虽宽不润无根之草。这跟心中是否有中华文化的种子有关。中华文化种子的植入，会让孩子他日自然关注中华文化，认同则深入，拒绝则肤浅。认同中华文化才有可能吸收中华文化的莫大智慧。走中华文脉线路，走的不是路，而是道。道是方向，我从哪里来，我是谁，我要到哪里去。

父母与孩子同走中华文脉线路，大人也会增长见识。那次带孩子到了西安，我自己都会主动听导游讲我不知道的历史。人的好奇心很有意思，回来我居然在重翻历史书。当年的我不喜欢上历史课，总感觉离我太远，那是不真实和不属于“我”的故事。如果当年有人把我带入中华文化之地，我想我会爱上历史课而不是在上历史课时悄悄看小说。境教影响人的艺术就是把人置身于某个场景，让场景代替人说话，激发人的主动认知。

在教育的路上，做路上的教育，特别有意思。孩子以为你带他去旅游，可他哪知道父母的良苦用心。这是一趟寻根之旅，一个高自尊孩子的自我认同形成之旅，一个内心装有民族身份认同的“大人”之旅。

一个孩子从小接受哪个国家的教育，潜意识里就自然认为自己是哪个国家的人；一个孩子从小接受哪个民族的教育，潜意识里就自然认为自己是哪个民族的人。

中华优秀的传统文化是我们民族之根，中华优秀的家庭文化也是我们民族与国家宝贵的精神财产。中国的家庭教育有中国答案，我们理应传承并创新用于现代家庭。

第二十节

培植孩子的文化自信

只有深深地理解自己民族的文化，热爱自己民族的文化，才会有文化自信

很多现实主义者可能会觉得，文化、历史这些冷门的专业，与我何干呢？但文化、历史似乎和领袖气质有着某种天然的联系，很多杰出的领袖似乎都懂点文化与历史。我以前也不懂，为了寻找中华家文化的现代转化，家中开始藏书万卷，每天啃书，看了不少历史故事，也增加了不少知识，但我真正体悟到中华家文化的现代转化，是从我行万里路开始的。原来书本上的文化、历史只是个名词，告诉了我“是什么”，但当我走文化、走

历史之路的时候它却变成了动词，文化变成了“化”文，历史变成了史“历”。

身处历史现场时，我似乎穿越到了古代。站在西安城墙上，站在洛阳龙门石窟跟前，书本里的平面图在我面前活起来了，我被“化”了。我的身体似乎在告诉我书本里没写进去的一些答案，也许不是答案而是感受，那种与文化、历史的连接感是过去没有的。我曾经跟历史老师抱怨：“不要问我 1000 多年前发生了什么事，我又不在现场。”没想到，我此刻就在现场，看书得来的记忆被“活化”起来了。

回家后，我居然重新找回了中学的历史书用心啃，不用考试，但我记住了。我居然从中学的历史书里，找到了我现在所做的事的答案，因为历史书里记载的，大部分是一个人为何走向失败的故事，这为我的工作提供了借鉴。我开始懂得老师以前说的“以史为镜，可以知兴替”是什么意思了。我被文化所“化”，慢慢身上也多了一些文化气息。

“行万里路”，重新让我回家“读万卷书”，重新理解中华文明，让我愈加深深热爱和认同这片养育自己的文化土壤。在这样的热爱里，油然生出对自己民族文化的自信。是的，只有深深地理解了自己，爱上自己，才会对自己有信心。同样地，只有深深地理解自己民族的文化，热爱自己民族的文化，才会有文化自信。

我想把这一经验传授给孩子，所以带着全家，一起到了敦煌。三天的时间里，看了壁画，看了演出，买了文创等。这次敦煌之行让我和我的孩子们对敦煌的文化与历史有了更深的触达。我相信他们也会因此多了一份对自己文化的自信。可以说，室外境教是可以带给人文化自信的。基于此，我想，要培植孩子的文化自信，就需要让孩子多接触文化和历史，以及“储藏”着文化和历史的地方。

后来我问我家老二这趟旅行有什么收获，老二说：“这个地方好像没什么好玩的，不过，也就这样了，这就是敦煌，除了文化还是文化。”这也许就是孩子眼中的敦煌吧！好像孩子并没有说出什么敦煌之行的深刻感受，但不要紧，室外境教是一种“润物细无声”的教育，只要他们来过、来到，这些地方所蕴含的文化气息，就会无声无息地影响孩子，进入他们的生命，慢慢地在往后的成长过程中，成为他们“文化自信”的来源。

一趟旅行除了玩以外，在内心里还留点文化，这正是我们来敦煌的目的。培植孩子的文化自信，不能只依靠历史书，还要尽可能地带孩子回到历史的现场去亲历、触达；不但要让孩子有知识，还要有见识，从书本的浅层认知到达旅行历程中的深层认知。

知识性学习是认知和理解，

觉知性成长是面对和发现。

第三章

区分“学习”与“成长”的巨大差异

第二十一节

读书生涯不等于学习生涯

终身学习的观念影响一生

读书、学习、成长是常用词，但却含有不同的道。理解这三者的不同，对实施室外境教是至关重要的。

此书讲的读书生涯是孩子在学校上学期间的读书生涯，学习生涯关注的是一个人的终身学习，不管是在学校还是在社会。

我们都很在意孩子能否正常地在学校读书。因为我们知道，孩子只要正常上学，就有老师带领他学习。学校具备良好的学习环境，孩子只要在这样的一个系统环境里，我们就会安心很多，就感觉有了希望。可是，我们要思考一个问题：如果有一天，孩子毕业走出校门了，没有老师的引领，没有学校的读书环境的诱因，孩子还会不会继续自我学习呢？有没有一些人，只要走出校门就不再看书、不再学习的呢？当然是有的，而且不在少数。多年后的同学聚会你就能看到，有些同学变化特别大，甚至是蜕变，有些则跟当年相差无几，无论是思维方式还是说话方式，都没有太大的进步。

是什么决定校外人生的不同呢？

在学校里，几乎所有的孩子，都在按照学校的有序安排，做着同样的事，上课、做早操、做作业、考试等，很难评估孩子们将来命运的不同。可是，一旦走出校门踏入社会，人生的好坏就不会按照学习成绩的高低来排序对应，更多时候是由一个人身上的性格特质决定的。人每天做的大部分行为都是无意识的，有意识的控制比想象中的少很多，所以，能影响人日常行为的性格特质是人生命运的重要决定因素。室外境教一项很重要的工作就是塑造孩子的性格和发展孩子的优秀特质，为孩子的人生未来做前因性的奠基教育。

在人生的前因性教育中又有一项重要的工作，即在孩子还没有长大之前，培养孩子终身学习的习惯，并将其发展成为孩子身上的优秀特质，让孩子不管是在学校，还是踏入社会后，依然能够在没有学校环境的诱因下，依靠自身具有的学习特质来自然地学习与进步，从而不断地突破人生路上的瓶颈，成为自己的人生导师。

为什么终身学习是重要的呢？

人的一生其实都需要学习，不管是在读书阶段还是踏入社会后。

我们人类 99% 的能力都是后天学习而来的。会哭是本能，会说话是后天的学习；手抓东西是本能，拿得起放得下是后天的学习；睁开眼睛是本能，眼光与眼界是后天学习和历练而来的；被人照顾是我们的幸运，会照顾别人则靠后天学习；指责别人是本能，原谅别人是后天的成长。

人与动物有很大的不同。小鸡长半年就具备跟母鸡一模一样的能力，会叫，会觅食，有危险会逃跑，不用学习，因为这些都是本能；青蛙一出生就注定了将来是跳高的高手；蝙蝠一出生就自带“导航仪”；老鼠一出生就知道它将来一定是打洞高手……这些都是不用学习的，而且从出生到长成很快，不到一年，这些小动物就可以长得跟父母一样，技能也一模一样。

但人不同，法律上通常定义人到 18 岁才算成年，这不无道理。为什么？因为人是更复杂更高级的动物。人除了有本能外，还有心灵、思想、精神，还有认知与逻辑，还有信念与价值追求等等。人具有多样性和多可能性，所以，人需要不断地学习，才能不断地成熟。法律上定义的 18 岁成年，是指成为完全民事行为能力人，从这个年龄开始对自己的行为承担完全责任。而人心理和人格的成熟，未必是以 18 岁为界的。什么时候停止学习，什么时候进步就减慢，只要哪一年重新开始学习，哪一年就又开始进步。只要一直学习，人生就会不断地出现新的可能性。你可能会问，真的要一直学习下去吗？有没有可以停止学习的时候？有的，《大学》说“止于至善”，学到至善，你就可以了，就完全成熟了。至于什么是“至善”，我们可以读读《大学》，大学就是学习长大的学问。

读书生涯不等于学习生涯，终身学习的观念影响一生。在读书生涯中老师可以帮助孩子，学校具备环境诱因，但终身学习需要家庭教育。家庭教育关注的不仅是孩子的读书生涯，还有影响孩子一生的优秀特质，其中就包括终身学习的特质。通过在路上的启迪，构建孩子快乐学习的身体体悟，慢慢发展出爱上学习、享受学习、钻研学习的人格特质。生活中含有教育，教育也可以融入生活，这是无痕的教育。室外境教试图通过生活般的快乐场景、不特定形式的学习方式来实现家校社共育，让孩子快乐地成长，生发更多灵感和创造，拥有另一种精神出口。十多年的实践经验告诉我们，室外境教可以让孩子更加热爱生活、享受学习、快乐成长，实现亲子共鸣。

第二十二节

学习不苦，读书不难

心想事成是一种能力而不仅仅是愿望

孔子说学习是快乐的，他有这份体悟。学习中的快乐体悟在学习的过程中是很重要的。不管做什么，只要不谈“坚持”又能长期做下去的，过程中一定有快乐的体悟。

我的朋友怡生老师与我分享他哥哥的事，他说他哥哥很喜欢写文章，每周都要写一篇文章寄到杂志社，期望杂志社能刊登他的文章。可十多年过去了，杂志社从来没有用过他的文章。有一天，弟弟就问哥哥：“哥哥，我真佩服你！杂志社从来都不用你的文章，为什么你还要坚持写呢？”哥哥回答说：“弟弟，我从没想过你说的坚持，写作是我的爱好，每次写作完我就很快乐、很满足，就想寄出去，至于杂志社用不用我的文章，我没想太多。”现在，他哥哥已经是某省作家协会的会员了。

只要是喜欢的就不用谈坚持，只要谈坚持的都是因为还没有真正喜欢或者还没学会苦中作乐。还没有真正喜欢上但还是要去做的，只能通过大脑有意识地控制才能做到，大脑知道要去做但心里不愿意就会产生压力，心里不情愿但大脑又要说服自己去坚持，这种情况是常有的。心里真正想做的，是不需要提醒、不需要谈坚持的，更多会表现为“心想事成”。

心想事成其实是一种能力而不仅仅是愿望。

想发展孩子的“成事”特质就需要发展“心想事成”的能力，把大脑要做的慢慢变成心里想做的，日后只要不做心里就会不舒服，孩子读书学习也是一样的道理。就如同我们的大脑知道要去跑跑步、锻炼身体，一开始，需要大脑不断地提醒自己去坚持，大脑要成功控制心灵才能坚持下来，但一段时间后身体开始形成记忆，只要哪天不锻炼、不跑步，身体就会不舒服，这时心里就想该去动动身体了。孩子的读书学习不仅是大脑的知识记忆，也是一种性格特质，两者是不同的，从大脑的想法变成内心的想法需要一段段历程，发展孩子的性格特质要伴随身体记忆，而不只是大脑记忆。进入大脑的知识学校会提供很多，但性格特质主要依靠家庭的培养。老师不是万能的，家校有分工，家校要共育。

那么，如何让孩子爱上学习并产生身体记忆呢？脑科学研究发现，大脑会喜欢理解时的喜悦感。同时，学习过程中孩子自我价值的提升，会让孩子觉得自己就是学习的料，这种自我认同的心理暗示，会让孩子更有动力。理解时的"喜悦感 + 价值感"，更能让孩子爱上学习。室外境教试图提供一个让孩子自我发现与自我探索的空间，随着孩子在路上不断地发现，再加上父母给到的价值感，孩子就会不断地成长，形成"探索—发现—理解—成功"的身体记忆，这种身体记忆，会慢慢成为心想事成的能力。

在构建孩子快乐学习的过程中，塑造孩子的身体记忆用时较长，所以，家长的耐心与信心是至关重要的。

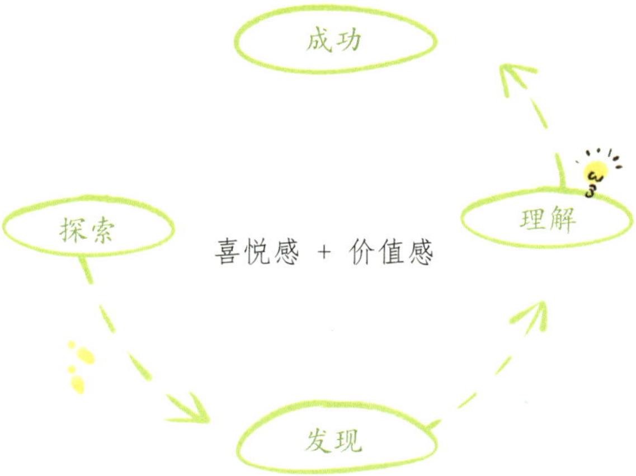

我们可以更具体一点，如小学有道数学题：1米等于多少分米？1分米等于多少厘米？1米等于多少厘米？有些家长通常会坐在孩子身旁，用言教的方式来讲解，甚至让孩子背诵这些转换关系。很多家长辅导作业的潜意识目标是要完成今晚的作业。但智慧的父母不是为了让孩子完成作业，而是想着如何利用今晚的作业来成长孩子，发展孩子爱学习的人格特质，让孩子产生爱上学习、享受学习、钻研学习的身体记忆。我们建议的做法是：直接给孩子一把尺子，让孩子把面前的书桌测量一下，让孩子自己观察计算，书桌是多少米？多少分米？多少厘米？孩子一定会有所发现。每一个发现都来自孩子的内在，产生理解时的喜悦感和价值感，会让孩子慢慢找到学习的快乐。运用环境诱因引导孩子自己发现和在别人灌输下被动接收是两种截然不同的教育方式。

境教的核心作用力是看见即教育、听见即关联、感觉即记住。

人的思维能力构建需要经历具象化、逻辑化、抽象化三个阶段。培养孩子的逻辑要先从具象化学习开始。用具象化来发展孩子的逻辑，后面的抽象化思维自然会更好，如果按照具象化、逻辑化、抽象化的排序规律来实施教育，孩子对学习就能产生信心。给一把尺子，还要测量，看起来用时较多，实则慢就是快，找到学习、钻研的感觉是重要的，一个人的能力是在想要的过程中发展出来的。孩子只要走过这样的一个学习构建过程，慢慢地学习就会变成一种享受，读书自然也就不难了。

第二十三节

学习不等于成长

学习的重点在认知与理解，成长的重点在面对和发现

有一次，我带孩子到北京爬长城。孩子中途会休息，但是每一次休息完站起来的那一刻，孩子都只说三个字："爸爸，走！"你觉得孩子是怕辛苦想往回走，还是想继续往前奔跑？整个过程孩子没有一次说要回去，每次说走的时候，都走在大人的前面，一路飞奔向上，整个过程足足走了 8000 米直达目标。

在爬长城的过程中，孩子是学习了还是成长了？

什么叫学习？这里讲的学习是指知识性的学习。就

拿爬长城来说，在过程中，如果我们注重孩子的知识性学习，可能会对孩子说："你知道吗？中国现存的长城加起来，长度有近1万千米，东起鸭绿江，西至嘉峪关……"然后跟孩子讲秦始皇的故事。有些家长带孩子走长城，是为了让孩子了解历史。可我们带孩子爬长城的目的不限于此。

了解历史是孩子的知识性学习，而室外境教更关注孩子人格的成长。等他长大后的某一天，可能忘记了他曾经去过的地方，回忆不起来在路上的所见所闻，也忘记了路上学习到的知识。但他可能也没有意识到，他这一生所表现出来的坚持、坚强、意志力、全人格的投入、勤勉、自我管理能力以及照顾自己、照顾他人、照顾环境的能力，是在小时候一段段在路上的经历中发展出来的。是否记住长城有多长不会决定人生，但人从小在路上所发展出来的优秀特质会影响他的一生。我们这一趟旅行的目的就是要让孩子在爬长城的历程中获得内在的感悟与成长。

我们不缺乏对孩子知识性学习的关注，但人格的成长更不能被忽视，我们有意区分学习与成长是期望家长

对孩子的人格成长有更多的关注。

所以，在家庭教育中，我们强调“学习不等于成长”，学习的重点在认知与理解，成长的重点在面对和发现。两者有些不同。

传统的知识性学习很考验孩子的专注力、记忆力、认知水平、理解能力和学习习惯等，再加上每个孩子与生俱来的先天气质类型不同，因此在同一堂课上，各个孩子的学习、吸收水平也不同。而检验学习、吸收水平的评判标准是学习成绩，但学习成绩只是人生的阶段性表现而已，代表着某些品质。在人的一生当中，决定人生美满幸福的还有很多因素。

室外境教尽可能地为孩子提供更多真实而全面的信息，来孕育完整人格，在完成学习阶段性目标的同时也照顾到人格的成长。

在路上，孩子需要面对不同的环境，在陌生的环境诱因里自然会产生更多的新发现。这些新的面对和发现都会在孩子的内心催生出一个个新的决定和自我意识新的发展。这是在不做过多人为干预的基础上，把成长的权利归还给孩子。这不是传统知识的灌输，这是老子口中的主导而非主宰。同时，在人格层面，孩子在现实和具象化的环境诱因里，其内在世界会产生更多维的觉知与触达，经过多次的重复，会发展成为习得性的人格特质表现，这是室外境教所期待的人格成长。我们期望孩子的成长和学习都能平衡，成为一个人格健全、身体健康、心灵美、有思想的人。

室外境教可以让孩子在身体、情感、意志等方面产生整合的力量，比单纯看书和坐在课室里听课更能形成身体记忆。这尊重了人的多样性和多可能性，还通过感觉、感知到认知形成串联，让孩子实现“看见即教育、听见即关联、感觉即记住”的全过程。作为父母，我们没有权力决定孩子的一生，但我们可以提供适合孩子的良好成长环境，至于孩子怎么决定，他们自有安排。

家庭教育是要站在孩子一生的长度来思考的。人格特质与知识不同，它需要一段段的身体经历、体悟的过程，我们称之为成长历程。就比如意志力的发展，我们让孩子从幼儿园开始，每个月都参加徒步。一个月少说有一到两次，有时走路回幼儿园，我们家离幼儿园有 8000 米，一个宝宝挑战走路 8000 米回到幼儿园，你觉得这个过程孩子是在进行知识性的学习还是在获得人格特质的成长呢？我记得我的良师益友李从国博士说过："成长反过来就是长成。"是的，成长就是要用一段段的经历让孩子长成。

第二十四节

如何创造成长的历程

完整人格需要提供完整的信息和完整的教育过程

《孟子家训》中有这样一个故事：

一次，仉氏下田回来，发现家中用来洗菜的陶盆不见了，婆婆告诉她，小孟轲吵着闹着跟她要陶盆去端水，只好依了他，想不到他把陶盆打碎了。

仉氏把儿子叫到跟前，告诉他："陶盆是咱家做饭用的，陶盆被你打碎啦，今天中午的饭没法做了。"婆婆说："孩子还小，也不全是他的错。"仉氏劝导婆婆说："让孩子少

吃一顿饭，让他懂得一个爱物惜物的道理，对他有好处。咱不能既打坏了一个陶盆，又惯坏了一个孩子。”婆婆觉得儿媳妇的话讲得在理，也就不好说什么了。那天，一家人真的没吃中午饭，小孟轲从此也长了记性，对家中的什物再也不敢轻易动了。

这就是成长——面对和发现。觉知性成长需要创造成长历程而不是简单的知识性学习。

我们常常会习惯性地跟孩子讲道理，期望孩子明白这个道理从而做出行为上的改变，效果却常常不尽如人意。用简单的认知、道理来改变行为，那是大脑有意识地对行为产生控制。可是，人一天当中经过有意识的控制所做出的行为比我们想象中的少很多，大部分都是无意识的。从大脑的应该模式到下意识再到无意识，需要一段段的历程，过程中需要产生体悟。

体悟是在感觉—感知—认知的完整串联过程中产生的，这就是觉知性的成长模式。只说教但没有感觉和感知，大脑很难真正改变行为，特别是在小孩子的大脑控制能力还没有发展到一定程度的时候。正所谓深知深行，浅知浅行，知识性学习模式是认知与理解，因为没有感觉和感知的串联支持，所学习到的认知和道理要么忘记，要么就学会了跟别人讲道理而自己却做不到。但如果通过觉知性的成长模式，让孩子面对和发现，孩子行为上做到了，后面大人再补上孩子的认知与理解，教育就会变得非常完整。

完整人格需要提供完整的信息和完整的教育过程。

那么，如何通过“面对和发现”来成长孩子呢？

分享一个案例：

我期望孩子能拥有坚定的目标和坚强的意志力，在实现目标的过程中能抵住外来的诱惑。我设计了一段历程：

我们家在广东珠海，有一次我带着6岁的双胞胎兄弟大宝和小宝到海边踩单车。我们设定了一个目标，就是从海滨浴场沿着情侣路一直踩到野狸岛公园，路程大约4000米。

他俩踩着小单车在前面跑，我踩着大人单车在后面跟。他俩越踩越快，我在后面追，追了大约1000米到了珠海渔女雕像处，我提出："孩子，要不要休息一下，我们到渔女像那里走走？"孩子们说："爸爸，继续！不累！不用休息！"看见孩子们如此坚持，脚酸了的我也只好在后面坚挺地跟着。

又过了1000米，海边有很多小朋友在玩沙子，大宝提出来："爸爸，要不我们先到海边玩一会沙子再往前走？"这时，意志已经被大小宝调动起来的我，脚已经不酸了，我回应说："抵住诱惑！坚持到底直到成功！"两个宝宝似乎立马吸收了我的坚定，二话不说继续前行，比先前更快。我在后面看着他们的坚持，感动、欣赏和被鼓舞着。

一路上，不管路边有多少玩具在售卖，有多少美食在跟前，孩子们都坚定目标，哪怕汗水已经湿透了衣衫，一路在坚持，终于到达了我们的目的地野狸岛公园。

到达后，我们庆祝欢呼。我说：“我带你们去前面的商店买水喝吧！喝什么你们随便挑！我们庆祝一下！”孩子挑上他最喜欢的饮品，高兴地说了一句话：“幸好我们在路上抵住了诱惑，否则我们就不会成功了！”听到这句话，我知道，孩子们今天成长了。

坚定目标、坚持努力的身体体悟和成功的喜悦会让孩子身体产生更深的记忆，这会激发孩子想要再次体验成功并设定新的目标。这就是成长，室外境教不是一句一句地讲道理，而是把道理化入历程中，经历道理比简单的知道道理更有价值。

通过历程产生的认知叫体验性认知，是从感觉、感知到认知的完整过程，是深层认知。再加上身体、意志、情感的合一，只要重复多次，孩子一定会发展出一些优秀的特质。所以，我与孩子们商议好了，下一周，我们再换一个地方，继续创造成功的感觉。

室外境教是在路上的慢的教育，是在累积孩子的成长历程，厚积以待薄发。

第四章

在教育的路上
做路上的教育

第二十五节

只有慢的教育
才能在孩子的心灵留下印记

累积孩子的成长历程，厚积才会薄发，有底气的孩子才会有后劲

依然是湖南张家界，在山顶上导游尽责地解说着张家界的历史：“孩子们，你们眼前的那座山头已经有 1.5 亿年的历史了，原来是海底，后来变成了高山。山石的构成成分是……”

等导游说完，我蹲下来，与孩子肩并肩，同高度、同视角，面向耸立的高山，静静地感受着。这是多少次梦中的景象，我感受到了大自然的鬼斧神工，甚至感受到我与孩子贴近的心。我们自然地都不说话了，静静地在一起，

足足有 10 分钟。之后，太太默契地拿出事先准备好的纸和笔递给孩子，孩子认真地注视着眼前那片让人敬畏的高山，慢慢落笔写生。

此时的张家界，最美的风景是趴在地上专注写生的孩子，他们不受任何人的干扰，完全进入到内在世界与外在世界的高品质互动状态。

同样在张家界，有人关注好看的，有人关注好玩的，有人关注好吃的。有人来旅游，有老师带学生来做研学，我们是家长带孩子来做境教。目的不同，产生的价值也就不同。关注孩子的认知，我们就会与孩子多讲知识。关注孩子人格成长中的感觉与精神发展，我们就会多让孩子待在美景中来感受内在，让外在世界与内在世界多次互动。写生是我们刻意的安排，让孩子自然地吸收环境，然后通过写生表达内在世界与外在世界交流后的灵感。

对环境的吸收是室外境教的教育核心之一。孩子在观察环境的时候，是心由“相”生的输入过程，将会在日后以“相由心生”的形式输出。教育就是输入和输出的学问，有了高品质、有价值的输入过程，他日，孩子画画也好，写作也好，格物也好，这份曾经的深层印记就会起到底层智库的作用，温故而知新。

孩子对环境的吸收是一个很长的过程，着急不得，因此路上的教育要慢下来。只有慢的教育才能在孩子的心灵留下印记。

在这次的张家界境教过程中，我偶尔也会邀请导游为我们解说。但我期望导游能慢慢地讲，还要留点时间给我们思考，就像朋友聊天一样，可以互动的那种讲解。行程结束后，导游说："这一趟旅程，哦，不是，这一趟室外境教，我也成长了。"

有时，在路上我也会跟家长说，孩子能否记住这座山头存在了多少年，对孩子的人生作用并不大，在路上记住了多少知识回来后也不用考试，家长不需要在意孩子是否记住，只需要放松心情，享受亲子共情共鸣的时光。我们反而要关注孩子在路上被强化的感觉和感知，因为这关系到孩子的深层认知，会影响人的生命品质及将来经营人生的觉悟力。

孩子的深层认知需要感觉、感知和认知三个层面的同步发展。如果只有快速的认知，没有深层的感觉和感知，认知只会变成浅层记忆，浅层记忆考完试基本上就忘了，旅行路上快速记住的知识回到家也就都忘了。

所以，在路上的教育，我们不是不让导师讲解，我们的选择是先运用慢的教育，发展孩子的感觉和感知，最后才邀请导游进行知识性的讲解，这样孩子在这段经历里的人格发展会更加完整和健康。也因此，整段路我们走得都比一般的游客要慢一些，而且经常让路给后面的旅行团，等旅行团都擦身而过了，等大的人流远离我们了，再静静地继续我们的室外境教。我们知道，我们来这里的目的不是简单地旅行或者证明我们来过，我们是在做“现代的孟母”，有知有觉地运用环境的力量在孩子的内在世界作功，以境育人。

室外境教是在路上的慢的教育，是在累积孩子的成长历程，厚积才能薄发，有底气的孩子才会有后劲。

第二十六节

如何与孩子达成“共识”

把你的想法悄悄变成孩子内心的决定，这就是教育的艺术应用

我在《李鸿章传》里看到过这样一段记载，大意是这样的：

李鸿章是开眼看世界的人，当年代表清政府与洋人打交道。当他第一次看见洋人造的轮船的时候，十分吃惊。铁皮造的船怎么可以在海上浮起来呢？还那么大。而当年清政府的船都是用木头做的，体积也没那么大。当他第一次见到火车的时候同样惊呆了，火车那么快，还能装载那么多货物。而当年的清政府还在用人力、马力拉车。

于是，他向慈禧太后汇报，并建议清政府造轮船、修铁轨、造火车。可是，慈禧太后和大臣们都没见过铁皮轮船，也没见过火车，大家集体反对，还说会破坏环境。

李鸿章犯了愁，如何才能说服慈禧太后？他想到了一个点子，他知道慈禧太后比较喜欢玩，他就跟慈禧太后说："洋人有些玩意儿还挺好玩的，这样吧！我们先不用造火车，我就在你的后花园里造一台小火车供你玩乐，如何？"慈禧太后同意了。于是，李鸿章在慈禧太后的后花园，建造了一条不到 2000 米长的铁轨。当慈禧太后第一次坐上火车的时候，她也惊呆了，这个东西怎么可以这么快还这么稳，比马车好，是个不错的东西。于是，慈禧太后同意了李鸿章在全国修建铁路的想法。

李鸿章成功地把他的想法变成了慈禧太后内心的决定。

说服别人的工作，其实是在向对方传递信息，我们很多时候会用语言传递的方式。可是，语言传递会丢失大量真实信息，也因此容易造成误解。误解的误是"言"字旁，可见仅仅通过语言传递是单薄的，并不那么容易被理解。一开始，李鸿章用语言的方式向慈禧太后传递信息，没办法描述和还原事实的全部。就如你没办法仅仅通过告诉别人“那盘菜是辣的”而让听的人身体马上就有被辣到的感觉一样，这就是语言的苍白。

李鸿章知道，要让慈禧太后同意他的观点，首先他俩的信息要同步，信息同步，人的决策就会更趋向于同步。

什么叫“同意”？我俩的认知差不多，你所说的我自然就更能同意。如果我俩的信息不同，认知也有很大的差异，我们的沟通就会有很多的障碍，很多事自然就会“不同意”。

什么叫“达成共识”？我想办法让你的认知跟我一样，当我们接收到的信息差不多的时候，我俩自然就容易达成共识。自从我明白了达成共识的境教方式后，我好像拿到了电视遥控器一样，只要我想看什么台，我就能调到哪个频道。

当然运用境教中的理念来“达成共识”不是为了更容易说服别人，而是为了还原信息。家长期望孩子能为自己做出更好的选择，我们不需要说服，更不需要说“你听我的”。家长只需要拓展孩子的认知，增长孩子的见识，孩子一定会为自己的人生做出最恰当的选择。家长就是孩子的人生导师，父母有知有觉地让孩子不知不觉地长大，是教育的艺术境界。

境教的共识作用是一种很好的实践方法。如果你期望孩子对文化产生兴趣，最好的方式是带孩子去一些有文化味道的地方，你想让他看的也正是他所看到的，你所讲的他自然就更容易同意，共识就这样达成了。如果你想让孩子多运动，不需要劝说，约孩子一起去看看球赛、与他一起到室外运动一下，孩子的决定可能就会慢慢发生改变了。

让孩子与你达成“共识”，然后把你的想法变成孩子内心的决定，是对教育更深的理解，对人心更深的洞见，对生命更艺术的爱护。

第二十七节

同走一段路，共鸣一段情

共鸣与共情是路上的教育的重要工作之一，也是孩子心理与精神发展的支持力量

室外境教有一种很妙的作用，就是可以产生情感共鸣。

同读一本书，同走一段路，不仅可以同步信息达成更好的沟通，而且还是增进情感、达成共鸣的一种好方式。正所谓“同声相应，同气相求”，同学之间为什么情感深？因为同年龄、同经历、学习同样的课本知识。在异地见到老乡为什么会备感亲切？因为同声、同气、同饮食。为什么战友情可以延续一辈子？因为同吃、同住、同经历，携手共进，患难与共，感情自然就不一般。恋人为什么

喜欢逛街？因为逛街是增进感情的好方式，同一段路、同样的风景，很容易引发内心的共鸣，有益于内在情感的生发。

同样，室外境教为什么会建议家长和孩子一起而不是只把孩子交给领队呢？亲子共鸣是家庭教育的必然功课。随着时代变迁，今天的孩子所处的成长环境与我们当年有着天壤之别，不同的环境产生不同的心境，不同的心境产生不同的意境，代际之间的经历、思想、认知都有很大的不同。过去我们的内在动力可能是改善生活条件，今天孩子们的心理与精神需要已经超过物质条件的改善，很多家长却还没来得及反应过来孩子们更需要的是心理的快乐和精神的出口。

以前在农村的孩子，天天与父母一起干农活，与大人同经历，信息是同步的。农村有情感共鸣的天然境教环境，而今天城市化后的生活，父母做的工作孩子看不到，孩子的娱乐生活被电子产品占据，父母子女共创的环境消失了。所以室外境教提醒家长，在当代，亲子共鸣的场景需要刻意地去创造，而不是被动地去等待。

当然，路上的教育共创的是情感共鸣，而不是情绪冲突。很多家长刚开始带孩子出行的时候，会遇上很多冲突爆发的导火索，如出门要等人，孩子会哭闹，路上孩子可能玩手机，也不帮忙拿行李等，很多不良习惯都可能在路上呈现。如果家长不懂得在路上做教育，几天行程下来，孩子可能会对父母说一句话："下次我不来了！"

"下次我不来了"一句话就把难得的亲子时光搞砸了，同时也会错失日后更多室外境教的机会。相反，如果家长能够及时化解这些情绪，孩子会期待下一次出行，这说明孩子开始享受这段旅程带来的成长与见识，也就有了更好地发展完整人格的机会。他说出"下一次我还要来"的时候也意味着他会更加珍惜与父母的亲子时光。

在室外境教的路上，常见的情况是孩子在看风景，而大人在看着孩子看风景。我们很关心孩子在路上看到了什么，孩子的一举一动都看在眼里，而我们自己却错过了很多美好的风景。有一次，我看到有一名家长拉着孩子发着脾气说："认真点！听导游讲！"过了一会儿，等家长冷静下来后，我跟家长说："不用紧张，导游讲解的内容又不用考试，哪怕是我们大人认真听完，等会儿也记不住的。同样一个环境，每个人可能选取的观看点、在乎点都会不同。孩子有孩子的成长节奏，大人也有大人的节奏。不过放心，人只要在一个环境里，就拒绝不了吸收环境，而人在环境里也会选择性地抽取信息。”

出于学校教育的印记，我们可能会下意识地更关注孩子的认知与理解，但家长要相信，人只要身处某一个陌生环境，人的全然觉知就会被活化，可能在身体感官，可能在感觉，可能在心理，可能在情绪，可能在思想，可能在精神发展上等。这些内在世界的变化不容易被发现但一定在发生，在室外境教的路上，父母只需要遵照孩子内在的成长节奏静待花开。

大人看风景因为有过滤系统，有自身的动机、渴求、价值取向、兴趣爱好等，自然地会抽取自己需要的信息。有时基于对孩子成长的渴望，我们会不自觉地把关注点投向孩子，孩子的表现达不到我们的预期，我们在情绪上就会表现出来。可我们要提醒自己的是：我们也是孩子看到的风景。

室外境教的路上，我们可能会重新审视生活中的重要元素，会思考在家庭生活中什么才是最重要的东西，比如幸福感、孩子的价值感等。好的境教环境会不知不觉地影响人的内心世界，在路上父母情感的传递、爱的传递、信心的传递、价值的传递尤为重要。因为室外境教的目的不仅限于知识的增长和眼界的开阔，更重要的是提供家长与孩子同走一段路、共赏一处景的机会，让大人与孩子信息同步，在思想碰撞与情感共鸣中完整孩子的人格。

共鸣和共情是路上的教育的重要工作目标之一，也是孩子心理和精神发展的支持力量。共鸣来自与孩子同视角，孩子看风景，大人与孩子一起看风景，同步信息，才更容易达成共识。在路上如同学、如老乡、如战友、如情人般与孩子走走逛逛，促进一下情感，在情感银行里多存点情感，有可能会发现一个不一样的孩子，也可能遇见一个不一样的自己。

第二十八节

路上的离场教育

离场，是为了使父母的帮助最小化，孩子的成长最大化

家庭教育有一项非常重要的工作就是让孩子拥有独立的人格，要拥有独立的人格就少不了离场教育。离场的“离”是离开的离、分离的离，这是家庭教育的重要目标之一。陪伴孩子是必要的，但有时适时的离场也是需要的，艺术的适时离场可以还孩子一个独立思考、独立承担、自我发现的成长空间。

与孩子分离，不是一件特别容易的事，父母爱孩子心切，关心则乱，所以离场教育特别需要爱、需要耐心、

需要对孩子有信心。有一位妈妈与我分享说孩子整天都黏着她，她感到心烦。我说：“是孩子离不开你还是你离不开孩子？”妈妈说：“是孩子离不开我。”可事实不一定是这样的，我们对孩子的应对方式决定了孩子对我们的回应方式。

比如：

“妈妈，你能帮我洗澡吗？”

“你等一会，妈妈就来！”

然后，妈妈开始往浴缸里放水，为孩子找衣服，给孩子脱衣服、洗头，全程代劳。看起来是一名很尽责的妈妈，实际上只是照顾了孩子却没有教育好孩子。

建议的做法是：

“妈妈，你能帮我洗澡吗？”

“好的，请你打开水龙头往浴缸里放水！”

水满了，妈妈说：“孩子！请你准备好要更换的衣服，记得拿毛巾。”

然后，让孩子全程自己操作，妈妈从旁稍微协助一下即可。只要把这个过程重复两三次，孩子就能学会独立洗澡。

孩子人格的独立与健康需要父母懂得离场教育，而离场，是为了使父母的帮助最小化，孩子的成长最大化。

一个有力量、有信心的孩子，内在往往是丰盈的。试想一下，常常需要被帮助的孩子，和在信任与独立承担中成长起来的孩子，哪一种会更有价值感、更有信心、内在更丰盈呢？

伴随着孩子的成长，父母子女之间是逐渐要分离的，否则孩子就无法走出依恋关系。当孩子害怕与父母分离，内在世界没法充盈时，就没有足够的能量去探索外在世界和发展个人能力，最终形成心理依恋和行为依赖，人格不独立，外在能力的发展也会受限。分离的工作其实并不难，只要把照顾孩子的事情尽量转为支持孩子做到即可。如孩子洗澡本是需要照顾的事情，现在转为帮助最小化，渐渐地让孩子独立成长起来。当然，这个过程中记得给孩子一些赞赏和鼓励，来自父母的赞赏和鼓励会让孩子内在世界充盈，而匮乏感、低价值感会形成内在世界的低洼，而只有低洼被填平后，水才会继续往前奔流。

室外境教给离场教育提供了天然的好环境。比如出行前的准备，孩子听说明天要外出游玩，心里自然就想要，人的能力是在想要的过程中慢慢发展出来的，这是一个非常好的教育时机。当孩子想要时，通常都会比较配合，父母只要说请你自己拿个行李箱，收拾好明天出行的衣服物品等，我们观察到，大部分的孩子通常都会很配合。不单是收拾行李，从上车、下车、拿行李，在景点、在饭厅、在酒店、在公共场合，甚至问个路，都具备离场教育的环境，只要有觉察，就会有发现。

在室外境教的路上做离场教育，只要把握得好，孩子回来后基本上都会有不同程度的成长。同时，家长也是重点成长对象，因为家长才是室外境教真正的操作者和主导者。

举个例子：在路上，是大人走前面还是孩子走前面？

如果在一趟旅程当中，大多数都是大人走前面，孩子走后面，可以看出，这更多是父母在主动引领，孩子在跟随。如果经常是孩子走在前面，大人走在后面，往往说明孩子在主动探索，父母刻意地被动跟随。父母站位不同，孩子的成长会不同。而主导这一切的是父母而不是孩子。

传统研学的成长对象主要是学生，但室外境教的成长对象主要是家长，并经由家长的成长来成长孩子。

要想做好路上的离场教育，家长需要掌握室外境教的理念，懂得帮助最小化，懂得适时离场。当父母的注意力在教育孩子而不只是照顾孩子的时候，小区花园、马路边的一花一草、山中树木、海边沙滩等，随处都可以成为孩子成长的环境。

第二十九节

规则意识的建立

在路上的教育有时就是：含着眼泪看着孩子长大

路上的教育也具备规则意识建立的天然境教环境。

举个例子：

孩子到了景区都很喜欢买玩具，而且每到一个景区都要买，孩子在路上都在玩玩具，什么风景都看不见，这是一件让人犯愁的事。

有一次，在张家界，我的孩子喜欢上了一个木头公仔，非要买不可。我不同意，他就在原地大哭，闹着不走。

“抱歉哦！宝贝，你每天只有一个机会，今天买东西的机会早上已经用完了，明天才有下一个机会，所以，你今天不能再买了。”我说。

“可是，爸爸，我想要这个木头公仔！”孩子哭着说。

“抱歉，今天的机会用完了，明天好吗？明天还有一个机会！”我说。

“可是，今天就离开这里了，明天也买不到了。”孩子大哭。

“抱歉，宝贝！我知道你很喜欢这个公仔，可惜你今天的机会用完了，明天才有，明天去到新的地方，我们再留意一下有没有类似的公仔，好吗？”

我温和坚定地不买，孩子坚定地在哭。

最后，我温柔地抱着他，在张家界山顶的木头板凳上坐了好久。看着孩子哭，我的心也很难受，但我知道，孩子正在经历内在的成长，我能做的只是温和地抱着他，给他爱与陪伴。我想发展孩子的规则意识。

而现实中常常出现的情况是，孩子在哭闹，父母在恐吓。孩子想要玩具父母不买，孩子大哭，甚至满地打滚。父母要么是在一旁等着：“看你哭到什么时候。”

要么是恐吓孩子："再不起来，就再也不带你出来玩了。"更有甚者："再哭就不要你了。"当然，也有不少的情况是父母妥协。

作为父母最难的地方是保持情绪的稳定。如果我们觉得孩子在路上的表现好与不好是个问题，我们的情绪就很容易被激发，可能表现为责怪或者讨好等，但我们可能都没有意识到，责怪是一种教育，讨好也是一种教育。孩子很聪明，你的应对方式决定了他的回应方式，甚至是下一次的回应方式。他一哭闹你就满足，他学会了用哭闹来寻找满足的"有效"方式。你今天指责他，他也学会了日后用指责的方式来应对不满。环境是自带教育功能的，而父母本人也是自带教育功能的。在孩子出现问题的时候，如果我们能意识到这是个好的教育时机而不是问题，往往可以借助问题来成长孩子。

当天，我温柔而坚定，孩子大哭了一场，最后我抱着他，他在车上睡着了。这是心痛的父亲和被爱着可又没有被满足的孩子。

在路上的教育有时就是：含着眼泪看着孩子长大。

第二天，孩子一早就问我："爸爸，我今天是不是有一次机会啊？”

“是的，你今天有一次买玩具的机会！”我明确地回答。

“嗯！”孩子高兴地点头。

他今天的表现成熟多了，在一个景点的出口，看了好久，最终什么都没有买。他知道今天只有一次机会，而不是一天中买了还能买，今天，他要看好才出手。终于在当天下午，他又看到了和昨天一样的木头公仔，开心地出手了。后续的几天，不管售卖人员怎么花样百出地引诱，孩子都能抵挡住诱惑，淡定地观看，他知道每天只有一次机会，而且他越来越明确自己最想要的是什么。这几天，孩子再没有因为买玩具的事哭闹过一次，每次的前行与驻足都是他自由的选择。

这一趟旅程，我看到了一个小孩在长大，孩子的规则意识发展了，还发展了忍耐力与判断决策力。一个人知道自己想要什么和不要什么很重要，这是日后价值观形成的基础。一个什么都想要的孩子，一个藏有侥幸心理的孩子，人生反而会变得障碍重重。

爱孩子需要在爱与规则并重的前提下进行。

在路上，我们会建立一些规则，如自己拉行李箱、在车上不允许随意走动、就餐时大人坐一桌小孩坐一桌、手上的垃圾需要自己找垃圾桶扔掉、在公共场合要安静等。在整个过程中，大人都保持情绪的稳定，对孩子温和坚定。如果孩子随手扔垃圾，大人会温和坚定地让孩子自己捡起来扔到垃圾桶里，如果孩子不配合，大人要温柔而坚持，只要大人温柔而坚持，孩子通常会配合。如果还做不到，大人可以设定一些规定，比如有奖惩措施等。通常一次几天的室外境教，我们可以看到在环境的诱因和大人的良性教育之下，孩子有不同程度的成长。这些经验都可以慢慢用于日常的生活中。在路上的室外境教只是体验教育生活的一种艺术方式，把教育的核心用回生活才是室外境教的根本目的。

第三十节

在路上的情绪处理

父母是作为孩子的支配者还是支持者决定着父母在路上的做法

在刚开始做路上教育的时候，不自觉地表现出着急的情绪是正常现象。

基于对安全的本能需要，人在陌生的环境里，注意力会不自觉地更加关注外在的世界，也因此，父母会更容易看到孩子的外在表现。孩子是否听话、有没有听导游讲、在玩手机还是在看风景、是否配合行程、有没有学到新的东西等都被大人看在眼里。

大人相由心生，大人心里的标准与期待，表现出来的情绪就是大人的“相”。大人的情绪往往跟着孩子的表现而起伏。孩子表现好的时候，父母满心欢喜；表现不好的时候，父母会有失望的情绪，甚至指责孩子或者是“耐心”地说教孩子。在路上，我常常会看到带着情绪的父母在盯着那个“调皮”的孩子。

父母有期待当然就会有失望，这是可以理解的。在室外境教出行的早期，有些父母避免不了会带着自己的期待在路上做教育，期望能在教育的路上见效快、改变大、有结果。可是，做教育不是工业生产，特别是人格的成长，无法在一瞬间完成，我们只求每次进步一点点，目标是在大脑神经回路里产生累积的效果，最终在好的教育环境里让孩子实现从心由“相”生到相由心生的人格独立过程。

每个孩子都有自己的成长节奏，基于先天气质的不同，有些孩子视觉特别敏锐，有些孩子的听觉特别敏感，而有些孩子是身体感觉体验型的，你给他看、说给他听，不如让他亲自操作一遍。先天气质与原生家庭的不同，使得每个孩子的内心需要不同。有些孩子的内心更需要被肯定，有些更需要被理解，有些则更需要被爱。在路上，我们更关注从生命价值出发。在同一个环境里，大人的注意力与孩子的注意力不同频、不同步是非常正常的。比如同样在恐龙谷，大人期望孩子多听导游讲解，可孩子的注意力却在售卖恐龙玩具的商店。基于以上情况，父母是作为孩子的支配者还是支持者决定着父母在路上的做法。

如果我们做孩子的支配者，我们就期望孩子听大人的话，一切服从安排。不过，我很少在路上见到完全听大人话的孩子，因为陌生的环境很难让充满好奇心的孩子听话照做。

所以，我们选择做孩子的支持者，我们让孩子身在其中、身临其境、感同身受，顺应着他的本能与好奇心而来，我们只做观察者，如老子《道德经》第一章所说的："常无欲以观其妙，常有欲以观其徼。"在室外境教的路上，父母要常无欲，静观其变，我们会看到孩子在悄悄变化。人是环境的产物，只要选择好的教育环境，孩子自然会有不同程度的成长。

要做到"常无欲"，父母就要学会处理自己的情绪。情绪是潜意识的语言，我们心底深处的那个标准与期待，那个“有欲”，容易让我们在现实情况不尽如人意的时候，产生不良的情绪。

在室外境教的起初，这个“欲”会常常跑出来。室外境教提醒家长，去觉察这个“欲”，只要有觉察，就会有成长。

所以，在路上会成长家长，因为在路上如果家长处理不好自己的情绪，在孩子的成长路上会得不偿失，因小失大。情绪是人成长路上最大的障碍，成长后的一种表现是情绪稳定、从容淡定、温和有爱。常无欲，静观其变，有爱的陪伴，这是路上教育的方式。

但你可能会问，在路上孩子有偏差行为难道我们还要“无欲”吗？难道不管吗？当然要管，问题的出现就是教育时机，成长的起点。室外境教想要做到的是“有欲”的我们开始用“无欲”的状态去让孩子平静地接受规则与边界。

具体我们用路上的真实情况来讲解，大人如何处理自己的情绪和孩子的行为偏差问题。

比如孩子在大巴上走来走去。面对此问题，大人可能会提醒孩子坐好，可孩子不听，继续着自己的偏差行为。这时，有些大人会提高嗓音，甚至开始带着情绪表达，车里变得热闹起来，大人吵、孩子哭是车里的常见现象。

怎么处理呢？运用境教的原理，我们只需要把孩子的座位调整一下，大人坐过道的位置，小孩坐靠窗的位置，并排坐在一起，减弱其他环境诱因对孩子产生的影响，降低孩子想要离开座位的欲望即可。如果孩子坐靠窗位置，大人坐过道位置，视角自然就不同，靠窗位置的孩子更容易观察外面的风景，这是一方面。另一方面，可以同时给孩子设立规则，如果孩子在车上走来走去，那么他今天就会失去买玩具的机会，或者设定其他的约定。大人在规则里只要说到做到，温和坚定，一次两次，这类问题就能消除，同时也利用问题发展了孩子的规则意识。

你可能会说："孩子真的会配合规则吗？他哭闹不配合怎么办？"

刚开始执行规则的时候，孩子可能会哭，父母只要温和有爱地跟孩子说："抱歉啊，宝贝，你刚才在车上走来走去，你今天已经失去了买玩具的机会了，这是我们的约定。"然后抱抱正想哭的孩子再说："抱歉，宝贝，

爸爸 / 妈妈爱你。”最后温和坚定地陪伴孩子处理自己的情绪。如果孩子还要走出去，只需要温和有爱地把他抱回来，一次不行就两次。然后在路上的整个过程中坚决执行“失去买玩具机会”的规则。只要走过这样一个过程，孩子就会长大一点。爱与规则的建立需要温和有爱且有立场，最重要的是不带负面情绪。

家长不用担心孩子被拒绝会受伤，孩子受伤一般是两种情况：

第一种，带着情绪的允许。比如孩子在车上走来走去，大人一次一次地责骂呵斥孩子，但又没有实施具体的行动来制止孩子的行为，这种强烈的负面情绪表达和行动上的不作为，孩子反而会感觉到不被爱。孩子的行为没有被制止，但父母也没有停止呵斥，到底要怎样做才是对的？孩子接收到的信息是模糊的，他就会无所适从。

第二种，带着情绪的拒绝。也许家长用行为制止了孩子走来走去，可是，家长激动的情绪依然会传染给孩子，孩子会觉得自己不够好、不被爱。孩子内心会产生对父母的情绪对抗。叛逆的问题通常跟大人的情绪、孩子内心的受伤与情绪对抗有关。“爱 + 规则”是解决以上问题的关键所在。

情绪问题是大多数家庭的问题。孩子的受伤不是因为被拒绝而是因为情绪不被允许，温和有爱、有立场地拒绝不会带来伤害。家长要在路上学会温和有爱又有立场，借问题发生的时机建立规则。一起爱上出行，一路欢心成长。

第三十一节

把握教育时机

教育要讲教育时机，不是要说得早而是要说得巧，情境与教育点配对，感觉、感知、认知三者串联教育才会变得更加完整和深入

只要人的注意力在教育上，环境自然就被赋予了教育属性。人本能具备各种动力，都有助于教育的施行。只要孩子有动力并体验到的，就容易理解和记住，好的教育设计可以发展出成长所需的各种关键能力。

有一次，我们带着孩子去体验农耕，收割稻谷，想让孩子知道米饭是怎么来的。孩子们见到一大片金黄色的农田，瞬间兴奋起来，迫不及待地飞奔过去。大人们比小孩更兴奋，似乎在期待着某些好事的发生。某位家

长兴奋地走向农田，向正在触摸稻谷的孩子介绍稻谷的前世今生，还跟孩子分享了一首诗："锄禾日当午，汗滴禾下土。谁知盘中餐，粒粒皆辛苦。"

看到此情此景，我只能说，家长在教育的问题上也是太着急了。我们都期望孩子能知道得更多，可往往也因此让孩子错失了很多的体验性认知。物资极为丰富的时代，人们很容易得到及时满足，哪里知道《悯农》出现的年代，收割的紧张、辛苦和饮食的匮乏？如果没有切身的体会，又怎么写得出《悯农》这样的诗来？一个没有体验过收割稻谷艰辛的孩子，他又如何能体会"粒粒皆辛苦"的含义呢？

于是，我召集大家，布置了一个作业，等会儿我们每个家庭负责一块农田，直到收割完毕才能休息，中途不能喝水，还要比赛看谁先完成。我们试图通过创造环境的诱因来让孩子体会出汗、口渴，然后坚持完成收割的内在体悟过程。当孩子们都大汗淋漓坚持到底后，再邀请刚才背诗的那位家长带领大家一起大声朗诵："锄禾日当午，汗滴禾下土。谁知盘中餐，粒粒皆辛苦。"

教育要讲教育时机，不是要说得早而是要说得巧，情境与教育点配对，感觉、感知、认知三者串联教育才会变得更加完整和深入。孩子收割完稻谷后，已经获得了身体上的感觉和感知，这时候再进行认知性的教育，孩子的认识才更加深刻。

当大家都把稻谷脱粒后，下一个体验是什么呢？我们看着脱粒后的稻草，如何才能发挥稻草的教育功能呢？有家长就提出来："我们在田间扎稻草人吧！"于是，新一轮的竞赛又开始了。我们看到孩子都在尽情地制作着自己心中理想的稻草人，全人格地投入，创意无限，把稻草做成绳子、做成支架，往稻草人身上加草，在大人帮助最小化的情况下，孩子们工作了快两个小时。孩子们在河边摘了些许小花装点成了稻草人的眼睛，这是他们的点睛之笔。最后孩子们把自己的小帽子戴在稻草人的头上，完美收工。从设计到全人格地投入、解决问题、发挥创意、完整呈现，这是他们长大后能"成事"的基础教育体验。不仅是小孩子，大人也意犹未尽。我们发现在室外境教的路上大人也正在补课，果然是大人经历多了会成熟，小孩子经历多了会成长。

随着出行次数的增加，我们发现，大人在发现教育时机上的能力越来越强。他们慢慢对环境教育属性有了更深层次的认知，他们可以随时发现教育时机，一花一草一木如何运用到孩子的成长中，他们都有自己的创造。同时，在实施的过程中，多了许多的耐心，他们会运用感觉、感知、认知的三者串联组合，他们会把问题当成教育机会，真的很受鼓舞。我们看到家长的耐心背后是信心，家长对自己的教育有了信心，对孩子自然就多了一份耐心。这份信心与耐心再加上家长的用心，孩子享受着幸福且“无痕”的成长，这不正是美丽的家庭教育吗？

第三十二节

在路上的优秀特质发展

身体、意志、情感的整合，是一个人内在意志力发展的关键，是一个人的成功特质之一

室外境教一项重要的功能就是匹配孩子内在成长需要的外在环境。刻意运用外在环境让孩子心由“相”生，再在与之匹配的环境里创造一段一段的成长历程。这样一一对应，孩子的内在成长需要就有了出口。孩子的特质就能在父母有知有觉地安排下不知不觉地成长起来。比如前面我们分享运用长城这个环境属性来发展孩子的意志力与目标感，就是例证。

大脑科学对成功有一种发现：“成功 = 注意力 + 毅

领导力
文化特质
思考力
学习力
专注力
财富特质
行动力
幸福特质

力。”注意力会让定向的目标信息进入大脑带来刺激，经过多次重复就会形成强神经回路，特质因此而发展出来。这是个非常好的消息，给了我们重新塑造孩子未来的重要方向。

现在我们可以做一个作业：列出你期望孩子将来拥有的特质。

如：领导力、专注力、意志力、学习力、阅读力、行动力、思考力、观察力、生存力、感知力、创造力、反思力、承载力、人际交往特质、财富特质、幸福特质、成功特质、文化特质、运动特质、诚实特质等。

如果你愿意的话，你可以列出多达上百个的特质。

我曾经也为孩子列出上百个特质，列完最大的感受是人无完人。

每一个特质的发展都需要时间的沉淀，基于时间的有限，人生也是有限的，每个人注定也都是有限的，能孕育孩子人格的时间更是有限，特别是孩子成年后，父母能对孩子人格产生影响的机会就会变得越来越少。同时，决定特质形成的因素也是多样的，其中包括先天气质、原生家庭、周边成长环境、学校环境、基于注意力方向带来的个人经历体验、父母教育的注意力方向等。基于以上各种因素的影响，每个人注定都是独特的，人生具有多样性和多可能性，世界上没有两片相同的叶子，全球约有80亿人口，你找不到拥有相同人生轨迹的两个人。这也给了每个人拥有出彩人生的机会。

家庭教育很难有统一的标准，你只能在寻找共性的同时尊重个性。家庭教育不能像学科教育那样能做出标准的答案，它是一门科学、一门哲学，更是一门艺术。父母的认知决定着教育的选择，父母的觉知决定着孩子的成长。我们发现，室外境教不仅可以发展孩子的认知与觉知，还可以拓展父母的认知、发展父母的觉知。父母对室外境教的掌握会把路上的教育拓展运用于孩子的日常生活、学习和成长的整个过程。

当我们知道了人格特质可以是多样的，也是可以设计发展的，作为父母可以怎么做呢？

我的建议是：

一、根据孩子的先天气质与敏感期发展，匹配外在环境。

室外境教中对孩子成长需要匹配与之特质发展相对

应的环境提出了一些更宽泛的意见，在未来即将出版的《室内境教》一书中，会针对先天气质与敏感期发展如何匹配环境给出更具体的建议。

二、列出特质清单，有序有目标地安排室外境教线路。

举例 1：发展孩子的文化特质。

我们给孩子安排的成长线路是：河南安阳中国文字博物馆—山东临沂王羲之故居—成都杜甫草堂—浙江绍兴鲁迅故里—江苏南京的中国科举博物馆—甘肃敦煌莫高窟。我们让孩子在两年内走完以上线路，在路上进行感觉、感知、认知的慢教育，还设计了感知体验。我们观察下来，通过室外境教的行走，孩子对文化已经产生好感。回到家，孩子会自觉看书，而且，与父母同走一段路，增进亲子感情的同时父母还拓展了认知、发展了觉知。

举例 2：发展孩子的意志力特质。

我们给孩子安排的成长线路是：从幼儿园开始每月一次步行体验—海边踩单车—在特定的五天室外境教中每天走路到指定地点—多次爬长城—沙漠徒步，最后等孩子长大一点的时候挑战 108 千米徒步。当然，发展孩子的意志力不仅是徒步，还可以有其他方式，只是特定环境下的徒步能够提供身体、意志力与情感合一的环境诱因，这是内在成长需要与外在环境相匹配的设计，能让孩子的成长更自然。

举例3：发展孩子的财富特质。

我们安排孩子的成长线路是：在幼儿园里进行售卖活动—集市摆摊—10元、20元到100元上限的购物体验—零用钱每月的上限使用—劳动赚钱体验—让孩子观察身边商业运用体验—岭南金融博物馆—河南巩义市康百万庄园—乔家大院—王家大院。以上只是财富特质的前因启蒙教育。室外境教更多是在感觉、感知层面设前因，同时产生身体记忆，人格完整，产生熟悉感。在掌握室外境教理论的家长的陪同下，孩子对路上的教育一定会产生好感，“熟悉感 + 好感 = 遇见”。将来孩子长大后，对各种熟悉的场景会更容易关注到，也更容易触达，会有更多关于人生经营、关于美、关于文化、关于财富等的“遇见”。

实践出真知，孩子的人生路需要靠自己走，父母无法代替孩子多走一米路、多吃一口饭，父母能够做的就是趁孩子还在身边的时候为孩子的人生未来做些成长的前因设计。

室外境教期望帮助孩子完整人格、发展特质、承载未来人生的幸福与美好，为家校社共育提供新的参考与实践。

第三十三节

室外境教是个开始

运用境教要如孟母般对环境有知觉，教育自然而然变轻松

室外境教是路上的家庭教育，是家庭教育中的一种表现形式，但绝不是唯一形式。它是行走中的教育，是在行动中的成长。境教是身教和言教的前端教育，我们除了懂得创造环境诱因外，我们父母的言传身教也是孩子成长环境中不可忽视的重要部分，父母有形的行为会无形地影响孩子，父母说话的内容不一定能改变孩子但说话的方式一定能影响孩子。我们需要系统地看待教育问题。在孩子人格的成长中，我们的建议是要动静结合，

在户外可以创造教育环境与教育时机，在室内也可以创造有利于孩子成长的内在独立空间，“内外”兼修。

谈到教育的系统性，似乎对父母的成长要求很高，但我们不应有压力，作为父母我们要尽可能地提升我们对教育的认知和理解，同时也要抱平常心，因为人生具有多样性和多可能性，每个孩子都是独特的，而且都有自己的人生轨迹，多一个拥抱、多一份祝福、多一句感谢，孩子不会差。

后续我们会陆续提供更多的教育方式参考，特别是与室外境教对应的室内境教。过去几十年里，基于生存的需要，我们努力地改善生活条件，创造美好生活。今天，我们国家的物质文明已经越来越发达了，下一步一定是精神文明的回归，中华民族伟大复兴离不开中华优秀传统文化的回归，其中一项就是中华优秀家文化回归并应用于现代。在过去的十多年，我和我们的研究团队致力于中华优秀家文化的现代转化工作，从走访横跨 2500 年的名人故居开始，到中华历史家训经典研究，再结合现代心理学与脑科学，发掘归纳出多项中华家庭教育的表现方式，其中较为重要的教育方式包括境教（室外境教与室内境教）、身教、言教、三观教育、离场教育、在场教育、志向教育、爱的教育等，以上的教育就如中医理论般系统性地看待问题，不仅处理已经出现的问题，还要尽可能不让问题再出现。治病与养生是两套不同的系统。许多家长的痛苦源于孩子已经出现的问题，在“下游”抢险，而美丽的家庭教育是系统地看待问题并在“上游”处理问题，同时发展孩子优秀的人格特质，为孩子的人生美好做好前因性的教育设计。我相信终有一天，中华特有的家文化必将影响世界并奉献世界。

致谢

2001年，我的大女儿出生，因为想成为一名好父亲，我开始走上家庭教育的研究道路。本想成就孩子，没想到却是孩子成就了我。从心理学出发到对中华家文化探索，走访故居，再到对大脑科学的研究，走了很多路，当然不乏弯路。我决定把《室外境教》作为本人家庭教育实践输出的第一部作品，同时这也源于在路上的教育启迪。

其间，我收获了美满的家庭，特别感谢我太太钟国姿女士，她二十多年的付出我很难用简短的言语表达。室外境教，我太太是最勤恳的践行者，她从来都是我最大的支持者，无论事业还是生活。她带着孩子们走遍了大半个中国，还带孩子出国多次，为了孩子的成长，她付出了太多太多。今年，大女儿已经是心理学专业的硕士研究生，就读于世界名校。老二老三渐渐长大，家中还有小小孩，我们仍努力地进行着“室外境教”。在这个过程中虽有艰辛，但更多的是满满的感动和大大的收获。“大人经历多了会成熟，小孩经历多了会成长。”这是我的切身体会，一切都值得。在路上，收获的不仅是孩子的成长，还有亲情，当然还包括两人的爱情。

过程中，室外境教得到了社会的强烈反响与认可，越来越多的专家学者、家庭教育工作者、家长在践行着室外境教，我不断地收到良好回馈。

在此特别感谢来自全国各地积极参与室外境教实践活动并积极反馈、给出优化建议的家庭教育工作者，他们是杨元力、柏沐芸、刘利、王宏微、芦瀚青、杨帆、郭永福、王茂焱、杜美娜、武力斯、董永、蔡承志、车荣光、欧阳素姣、杨红建、吴向丽、谢蔷媛、何坤玲、林慧玲、许群英、陈元生、王丽莉、吴幸生、吴昊、冯煜、陈承利、胡水英、徐凯、王思佳、钟国琛、左章生、吴广俊、王珏、吕红兵、车来娣、许新生、高军莲、谢艳贵、胡海强、刘舒文、邹凤环、赵玉勇、梁广胜、冀丽珺、封蕾、许伟英、宋兵、杨静瑶、吴娟、朱大军、杨熔鲜、柯建希、柯建阳、吴丽娜、蔡郁芳、朱素菲、钟雅晴、王琼、莫振雄、潘宝苹、何春分、卢金星、吴向华、张春平、周娟、周永亮、谢慧艳、王建全、陈晓莉、甘露、高力、韩金伟、韩进财、何宇、陈江平、宋娉娉、谭立平、李媛媛、蒙晓娟、梁木、石金红、潘湘姿、吴琴、夏朝阳、孙英、周元艳、吴卫萍、谢周容、李文、李翠、 熊晓芳、刘玲艳、曾凯阳、李慧、张景菲、米娜、贾丽娟、南彩丽、王忙妮、杨小利、白娟、范小梅、张小英、余同利、季婷、黄娟、周军秀、官德友、罗小艳、付洪利、郑丽、玉章、周富勤、金玉红、郝晓芳、胡敏、胡新、刘靖湘、贾彬、蔡瑞、郭建波、何文师、周倩、陈炜铭、刘萍、刘晓庆、程茜、付桂杰、季旭、原清海、罗亚平、李秀丽、曾逸青、周剑芬、郑莹、林颖、李昌龙、唐薇、张晓燕、朱成珠、樊文飞、莫秋南、杨斌、崔志芳、崔书静、吴晓华、石慧萍、程海兰、张林菊、韩兴华、高燕、牛宝琍、赵景杰、马园园、王久玲、乔辉、杨周芹、李德芬、袁彩华、曹启凤、刘芷兰、张淑芳等。

当然，还有很多我记不住名字的奉献者……一并感谢。

室外境教是家庭教育的一种实施形式但不是单一形式，在家庭教育的路上可以多形式并举，力求全人格的成长，保护每个孩子的独特性，保护人生的多样性和多可能性。家长应因地制宜，因材施教，从实际情况出发。室外境教只是一种教育形式的实践参考，在本人后续的作品中，还会贡献更多的实践参考给到广大读者与家长，敬请留意。

林青贤（字：恒辰）

2024 年 10 月

编后记

一位教育专家之所以成为教育专家，一定是以无尽的热情与敏锐的洞察力，将生活的每一刻融入教育的智慧之中。这是一种近乎教育家的自觉，从不刻意，无需提醒。林青贤老师，就是这样一位对教育充满热情的家庭教育专家。同时，他是一位生活艺术家，一位充满爱的人，一位对身边的一切高度敏感的人。他追求美的生活，仁厚而爱人，自然而然地顾及到身边的环境，能敏锐地捕捉到周围人、事、物的存在，并给予带着爱和滋养的回应。

林老师是一位思想者，他的教育观影响了数以百万计的父母。他所研发的课程内容和书中的观点帮助和支持无数人突破认知边界和走出心灵困境。林老师在课堂上金句频出，收录在他所著的智慧文集《悟解》里。他以独有的表达方式，使得每一句话都能发人深省。读他的书，常常会突然被某一句话击中，心说：噢，原来如此。可能一句话，就疏解了你彼时彼刻的心灵困境。这种与读者共鸣的能力，让人怀疑他是不是住在成千上万的读者心里。他在《悟解》中提醒家长："你所有的不成熟，都会在孩子的人格上体现出来的。"倒逼家长成长自我，真是师者仁心。

林青贤老师常说，中华文化源远流长，一定有属于中国家庭的家教理论。从大女儿出生到后来从事家庭教育事业的二十多年里，林青贤老师从中国的文化土壤中汲取养分，读家中万卷藏书，行神州之万里路，思考、总结，凝练成文，已经形成境教、身教、言教、三观教育、在场教育、离场教育、志向教育、爱的教育八大教育核心。

“境教”就是思想者林青贤在遍访名人故居时的感悟和发现。他发现名门望族的先人，都很注重环境的打造。那些历史里的人中翘楚，如果你画出他们一生的足迹图，就会发现他们除了读书，大多都是遍行天下者。他们家里的陈设、墙上字画的内容、院子里的花木，都在无声无息地传递着主人的理念、思想和价值观；这一切，都在无形地影响着他们的家人，形成他们家族独有的家文化。

读完本书，相信你已经了解，境教是一种无痕的教育，运用环境诱因，顺应人的天性，达到以境育人的目的。父母有知有觉地行动，孩子不知不觉地成长，境教就是这样起作用的。

境教分室外境教和室内境教，《室外境教》这本书，集中阐述了室外环境对人的影响。看完书你就会了解，环境育人是一种自然而然、顺势而为的教育，重点是家长是不是有知有觉的。

室外境教教育观点的提出，是非常及时和有价值的。孟母三迁的故事我们都耳熟能详，林老师认为孟母是境教最合适的代表人物。环境对人的影响，似乎是明摆着的，但具体怎么做，也是生活中常被人们忽视的。中国经济腾飞的当代，人们富裕了，出门旅行的人多起来了，那旅行应该去哪里呢？父母孩子陪伴出行，应该如何进行呢？

本书给出了方向：不同的环境可以成长孩子不同的人格，提升不同的认知。林青贤老师把室外环境分成还原地球、人文境教、时空历史三大类，分别阐述了这三类不同的室外环境对人的影响及其教育功能。还原地球给孩子一个不被扭曲的真实世界，人文境教让孩子得到文化浸润与熏陶，时空历史陪孩子遇见过去、预见未来。

《室外境教》一书更像是一种提醒。出行的路上，家长的言行，就是一种教育环境。无论你有没有主动实施教育，教育都在进行。夫妻吵架、打骂孩子，是一种教育，就看你有没有觉知。相亲相爱、共情陪伴，也是一种教育，哪怕你没有觉知。

室外境教是一种久已存在却又崭新的教育观，提醒家长带领孩子们走在路上，增长见识，拓展认知，在孩子人格成长的重要时期有知有觉地陪伴，在天地万物的滋养中，建构一个开阔、广博、有生命力、有爱的能力的——完整人格。

阅读完本书后，你可以尝试着手设计属于你和孩子的室外境教地图。等你和孩子走完这张地图，孩子就有了专属于他的心灵地图，这张地图将会伴随他的一生，成为他一生的财富。

柏沐芸

2024 年 10 月